O ANO EM QUE ME
TORNEI PSICANALISTA

CONSELHO EDITORIAL

André Luiz V. da Costa e Silva

Cecilia Consolo

Dijon De Moraes

Jarbas Vargas Nascimento

Luís Augusto Barbosa Cortez

Marco Aurélio Cremasco

Rogerio Lerner

Blucher

O ANO EM QUE ME TORNEI PSICANALISTA

Tiago Mussi

O ano em que me tornei psicanalista
© 2023 Tiago Mussi
Editora Edgard Blücher Ltda.

Publisher Edgard Blücher
Editor Eduardo Blücher e Jonatas Eliakim
Coordenação editorial Andressa Lira
Diagramação Joyce Rosa
Produção editorial Catarina Tolentino
Preparação de texto Daniel Moreira Safadi
Revisão Amanda Fabbro
Capa Laércio Flenic
Imagens da capa Francis Bacon, *Second Version of Triptych 1944*, 1988
© The Estate of Francis Bacon. All rights reserved, DACS/Artimage and AUTVIS 2022. Photo: Prudence Cuming Associates Ltd

Blucher

Rua Pedroso Alvarenga, 1245, 4º andar
04531-934 – São Paulo – SP – Brasil
Tel.: 55 11 3078-5366
contato@blucher.com.br
www.blucher.com.br

Segundo o Novo Acordo Ortográfico, conforme 5. ed. do *Vocabulário Ortográfico da Língua Portuguesa*, Academia Brasileira de Letras, março de 2009.

É proibida a reprodução total ou parcial por quaisquer meios sem autorização escrita da editora.

Todos os direitos reservados pela Editora Edgard Blücher Ltda.

Dados Internacionais de Catalogação na Publicação (CIP)
Angélica Ilacqua CRB-8/7057

Mussi, Tiago

O ano em que me tornei psicanalista / Tiago Mussi. -- São Paulo : Blucher, 2023.

138 p.

Bibliografia
ISBN 978-65-5506-748-4

1. Psicanálise I. Título

23-1661   CDD 150.195

Índices para catálogo sistemátic
1. Psicanálise

E o verdadeiro objetivo da minha vida talvez seja apenas este: que meu corpo, minhas sensações e meus pensamentos se tornem escrita, isto é, algo inteligível e geral, minha existência completamente dissolvida na cabeça e na vida dos outros.

– Annie Ernaux

Prefácio – O mistério do nascimento

José Castello

O que faz de alguém um psicanalista? Para além da formação rigorosa, da longa análise pessoal e do empenho das supervisões, parece haver um "a mais" que não se deixa definir. Algo que, talvez, não tenha mesmo um nome. Algo que, submetido a um nome qualquer, por melhor que ele seja, desaparece.

A busca desse "algo", nessa aventura que não se guia propriamente por um objeto, mas por alguma coisa que a impulsiona, é o tema deste comovente, corajoso, audacioso livro do psicanalista e escritor Tiago Mussi.

Desafiando as regras canônicas de neutralidade e apagamento, em seu livro Tiago, ao contrário, se desnuda. Não por escândalo, ou por rebeldia, muito ao contrário, mas por entender que o único caminho para se chegar à verdade é desmascará-la. Limpá-la de toda pompa, solenidade, arrogância, esnobismo, jargões. Estampá-la, íntima e feroz, como ela sempre é.

Ao longo de seu percurso na psicanálise, desde as inquietações do divã até os pensamentos que brotam hoje em sua poltrona, Tiago – embora se ampare todo o tempo, não só na teoria psicanalítica, mas também no saber da literatura – deixa-se guiar, sobretudo, pela memória. Sabe que a memória é sinuosa e derrapante, mas também que é nas suas frestas, ainda que deformadas pelo sonho e pela ficção, que a verdade emerge.

No centro de seu livro, está a figura atordoante de M. Q. – sua primeira paciente. Acompanhamos, então, o tatear de Tiago no íngreme desfiladeiro de sua primeira análise, os obstáculos que se erguem quando se defronta com os jogos sutis da transferência, e, em paralelo, as perguntas que provêm de sua própria análise e da supervisão a que se submete.

Onde estará Tiago? Deitado no divã de Fernando, no papel de analisando? No gabinete de Teresa, agora como jovem psicanalista? Ou em sua própria poltrona, diante de uma paciente desassossegada, que o desafia e o seduz, sempre disposta a lhe subtrair o papel de psicanalista?

A resposta pode ser: Tiago não está em nenhum dos três papéis, está entre os três. Move-se justamente nesses desvãos escorregadios e sem nome fixo em que a vida pulsa e a psicanálise se desenrola. Formar-se não é conformar-se a uma ortodoxia, a um ritual, a uma pose. Formar-se é deformar-se para se chegar, enfim, a quem já se é, só que não sabíamos disso.

É nesse retorcer perturbador, perdido nesse labirinto que traz de volta sempre à mesma cena, que no entanto é sempre outra, que, Tiago nos mostra, um psicanalista nasce. Só os psicanalistas? Ali os livros, como leitor verá, nascem também.

Apresentação

Admar Horn

Apoiado por uma troca intensa com o autor, me sinto à vontade para comentar a autenticidade dos seus propósitos, que nos levam a refletir sobre os mais variados percursos, objetivando a prática da arte de psicanalisar.

Ele nos conduz de um modo bastante intrigante, utilizando seus abundantes recursos literários, através de um mundo psicanalítico, onde as parcerias, tanto com o seu analista como com a sua supervisora, tomam um vulto importante, enriquecendo significativamente o seu relato.

A descrição detalhada de fragmentos de sua análise pessoal, assim como as passagens extremamente interessantes de sua supervisão, nos transmite uma sensação de uma inquietante serenidade.

O contexto de sua análise pessoal com a riqueza de detalhes que o autor nos presenteia faz com que possamos acompanhar muito de perto a excelente evolução do seu processo analítico.

À medida que avançamos no conteúdo de sua supervisão, vemos o trabalho de um psicanalista em ação, original e polêmico, relatando com precisão a sua escuta analítica, desta feita em parceria com a sua supervisora que conduz o jogo e que, certamente, consegue lhe auxiliar nessa difícil arte de se fazer psicanálise.

Entre outras coisas, o acolhimento da alteridade radical da sua paciente nesse trabalho conjunto com a sua supervisora amenizou o traumatismo.

Fez-me pensar que não existe outro mal-estar na cultura do que o mal-estar no desejo.

À medida que avançamos na leitura do livro, nos sentimos inebriados pela utilização das imagens pictóricas do Francis Bacon, numa brilhante articulação com a teoria psicanalítica que o autor utiliza com bastante sagacidade.

Antes de mais nada é para nós mesmos que escrevemos, testemunhando as lutas que travamos para resolver as dificuldades do encontro analítico.

Tornamo-nos psicanalistas, entre outras coisas, por causa da relação entre psicanálise e verdade.

De um modo geral, Tiago Mussi nos mostra que a interpretação psicanalítica é necessariamente terapêutica. A verdade é o alimento da alma.

O relato das relações trânsfero-contratransferenciais fazem objeto de uma descrição clara e detalhada, mostrando que sempre que possível deve-se fazer um esforço nesse sentido.

A linguagem poética do autor, e a leveza das suas expressões nos fazem mergulhar no universo dessa constatação da sua vivência psicanalítica.

Somente a vida psíquica e o pensamento podem nos retirar da rotina do ódio.

Acredito que tornar-se psicanalista foi para o autor um ato de fé.

É resistindo aos apelos da realidade externa na sessão de análise que o psicanalista abre para o analisando e para si próprio o campo da realidade psíquica.

Apesar do seu aparente caráter de exterioridade, o trabalho do analista consiste na interrogação dessas incursões na realidade como sendo manifestações do psiquismo e de tentar compreender a sua função na sessão de análise.

Tem sido tarefa dos analistas contemporâneos questionar e observar tanto os brilhos como as opacidades da cultura a que pertencem. Me refiro a uma experiência dialógica onde a palavra não é objeto de consumo, mas objeto de intercâmbio.

Tiago é um desses autores que, com engenho e arte, sabem seduzir quem com ele se aventura no caminho do pensamento.

Serge André, no seu livro *Tornar-se psicanalista*, nos ajuda a melhor compreender como tornar-se psicanalista: "não se trata de modo algum, nesse meu projeto, de ser psicanalista, pela simples razão que não existe ser psicanalista. Não se trata de ser um sujeito, mas sim de uma função que se insinua entre o real e a ficção e que é produzida pelo discurso do analisando."

Acompanhando os novos tempos da psicanálise, Tiago me parece se situar próximo de uma linha de pensamento do filósofo Paul Preciado:

apelo ardentemente a uma transformação da psicanálise, à emergência de uma psicanálise mutante, à altura da mudança de paradigma que vivemos. Talvez

> *apenas esse processo de transformação, por mais terrível e desmantelador que possa parecer, mereça hoje ser chamado psicanálise.*[1]

Os meus cumprimentos ao Tiago pela publicação audaciosa deste livro com um colorido pessoal e extremamente útil para todos que se dedicam com afinco a essa fascinante atividade psicanalítica.

---

[1] PRECIADO, Paul B. (2019) Um apartamento em Urano (Conferência) [Trad. C. Q. Kushiner & P. S. Souza Jr.]. *Lacuna*: uma revista de psicanálise, São Paulo, n. -8, p. 12, 2019. Disponível em: <https://revistalacuna.com/2019/12/08/n-8-12/>

Conteúdo

1. O método   15

2. As entrevistas preliminares   23

3. A análise   37

4. A supervisão   71

5. A escrita   109

1. O método

Se você tivesse me conhecido nos últimos meses de 20..., talvez não percebesse a grande mudança que havia se dado comigo ao longo desse ano e dos anos anteriores, desde que comecei minha segunda análise. Afinal, aquele foi o ano em que me tornei psicanalista. Ou melhor, foi o ano em que me vi atuando como analista junto aos pacientes da minha clínica privada, embora minha formação propriamente dita no Instituto da Sociedade Brasileira de Psicanálise do Rio de Janeiro – a Rio-2 para os íntimos – ainda estivesse longe de terminar.

Os meus colegas diziam que a formação de um analista nunca acaba, mesmo a formação curricular estando oficialmente encerrada. Sempre achei que havia um pouco de esnobismo em tal afirmação quando a escutava vindo da boca de um analista mais experiente. Eu era jovem então e tendia a tratar os mais velhos com desdém e aquele ar de superioridade que só os mais novos têm. Hoje, em plena meia-idade, já me sinto inclinado a dar inteiramente razão aos analistas com mais anos de prática do que eu, que sabem o valor destes versos: "tão curta a vida, tão longo o ofício de aprender". De fato, não tanto uma profissão ou um trabalho, o que fazemos em nossos consultórios com nossos pacientes, ou ao menos esperamos fazer, após longos e pacientes anos de tratamento, assemelha-se mais a um ofício.

Agora, ao escrever essas impressões sobre todos esses anos em que me pus com dedicação e afinco a empreender outra análise, a frequentar cursos e seminários, a fazer supervisão dos meus casos com um analista com funções específicas, habilitado a conduzir análises e supervisões oficiais, me pergunto: o que nos torna realmente analistas? O que nos permite dizer para nós mesmos que somos, enfim, analistas? Essa questão tem sido objeto de controvérsia e incompreensão desde que o psicanalista francês Jacques Lacan um dia afirmou: "O analista só se autoriza a si mesmo". Em resumo, mais que a formação propriamente, por mais que ela seja feita de acordo com as recomendações e exigências estabelecidas há quase um século pela IPA, a Associação Internacional de Psicanálise criada por Freud para a formação de novos analistas, o que faz alguém se portar enquanto tal não seria o reconhecimento em si do desejo de analisar?

Talvez a resposta para essa pergunta esteja paradoxalmente não no analista, mas no paciente de quem nos ocupamos. O plural majestático aqui não é exagero, mas, sim, expressão da verdade, porque implica no desejo que pode advir entre o analista e o paciente que lhe procura em busca de análise. Assim, a dupla poderá empreender um trabalho de investigação do inconsciente daquele que está desejoso de interpretação. Se hoje sou eu quem deseja, alguém desejou por mim antes – isso parece bem evidente – para poder, então, surgir o meu desejo. Senão, de onde viria meu desejo de analisar? Alguém me interrogou antes, a tal ponto que não vislumbrei outra saída que não fosse transformar essa mesma interrogação numa busca atual e incessante pela verdade. Mas de que verdade estaríamos falando no presente se não somos mais capazes de recordar, apenas de repetir e, quem sabe, elaborar o que se passou?

Todavia, mais que a verdade, não queria falar da minha formação como alguém que faz um ensaio sobre psicanálise. Antes, preferiria a forma livre de um romance, mas não tanto a de um romance de formação, aquele que acompanha o desenvolvimento moral e psicológico de um personagem desde a infância até os anos de maturidade. Quem sabe a narrativa ideal se situasse justamente num espaço potencial entre o ensaio e o romance. Para isso, eu poderia tomar emprestado o conceito de *objeto transicional* do psicanalista inglês Donald Winnicott, no qual a criança se apoia para se separar de sua mãe. Esse método híbrido de escrita talvez me permitisse ir justapondo os episódios da minha vida, que potencialmente me levaram a me tornar analista, ao sabor das associações do inconsciente e das deformações da memória. Desse modo, um fato recente poderia ser colocado ao lado de uma lembrança dos meus três ou quatro anos de idade, que não saberei ao certo se é resultado do autoengano ou da negação. Esse método narrativo seria adequando ao meu propósito?

Bem, quem estiver interessado em saber pura e simplesmente sobre a formação do analista, pode consultar os manuais e tratados disponíveis sobre o tema. No entanto, como aspiro a dar um tom mais íntimo e pessoal ao meu relato, minha narrativa se encontra mais próxima daquelas que têm um quê confessional. Nessa vertente, há desde as cartas de Freud para Fliess, passando pelas memórias de Sergei Pankejeff em *Conversas com o Homem dos Lobos*, os relatos de análises com esse ou aquele analista, como é o caso de Margaret Little com o próprio Winnicott, até aventuras amorosas no divã como *A vida com Lacan*, de Catherine Millot. Enfim, há toda a sorte de literatura do gênero para quem quer conhecer os bastidores da psicanálise, aquilo que habitualmente é mantido à distância dos pacientes e do público em geral. Quem sabe, mais do que de Édipo – esse mito fundador da psicanálise –, minha narrativa esteja sob o domínio de Hamlet, herói que à maneira de um detetive numa investigação policial procura, por meio de indícios deixados aqui e ali, resolver o misterioso assassinato do pai.

Alguma leitora desavisada pode pensar que pretendo fazer uma compilação *des histoires de cul*, como diriam os franceses, de histórias picantes da psicanálise, o que não poderia estar mais longe da verdade. Primeiro, me pergunto que interesse poderia haver numa história sexual da psicanálise, sendo ela em si mesma uma história da psicossexualidade. E segundo, me falta uma disposição inata para o exibicionismo, a não ser que se considere a escrita uma espécie de exibição, o que talvez fosse a condição essencial para um livro que pudesse servir ao voyeurismo de alguns leitores. Porém, mais do que aquilo que escrevemos, ou pensamos ter escrito, o que realmente conta é o que nossas palavras não dizem, ou seja, aquilo que fica latente, por assim dizer, que nós mesmos nem sabemos conhecer. Talvez a escrita seja, ao lado da psicanálise, a única forma possível para desvelar o que se esconde sob o sentido manifesto das palavras. Será? Assim me parece. Se por um lado tanto o exibicionismo quanto o voyeurismo me impediriam de ir além do que Freud foi ao revelar seus próprios desejos em *A interpretação dos sonhos*, por outro, a escrita, e, sobretudo, a escrita da psicanálise, poderia me libertar. E sabemos que escrever é uma exposição muito maior do que ficar nu em público.

Contudo, não é especialmente de mim que pretendo falar nesta breve narrativa – o que pode ser motivo para que alguns leitores interrompam a leitura de imediato, ao passo que outros passem a se interessar por ela justamente a partir de agora –, tampouco da atraente e bela paciente que me procurou numa manhã ensolarada de janeiro, no meu consultório em Botafogo... mas, sim, de como me tornei o que sou hoje a partir do nosso tratamento, como o pintor Lucian Freud disse certa vez a uma modelo em potencial: "Eu estaria interessado em pintar a partir de você".

[Um Sigmund Freud exilado em sua casa na Maresfield Gardens, 20, Londres, em 1938, entre os netos Anton Walter e Lucian Freud, à direita]

À maneira do neto de Freud, eu estaria interessado em escrever a partir da Senhora M.Q. Vamos chamá-la pelas iniciais, que aliás casam bem com o início desta breve narrativa. Ainda que, quando eu a tivesse tomado em análise, ela já não fosse mais uma adolescente, mas recém-entrada nos 30 anos, M.Q. guardava certo ar infantil, uma expressão coquete e levemente afetada, que nunca a abandonou. No início, eu pensava que ela procurava despertar admiração apenas pelo simples prazer de seduzir, me seduzir, mas depois vi que não era bem isso. Havia algo que me escapava, que não se deixava bem apreender, como costuma acontecer com certas personalidades e alguns tipos de caráter que encontramos vida afora ou deitados em nossos divãs. Sob essa atitude que visava aparentemente ao prazer, dela ou de outrem – essa palavra tão em desuso, mas que expressa tão bem a imprecisão da sua demanda –, havia certa satisfação secreta pela humilhação e pelo sofrimento, cujo alcance eu ainda não podia suspeitar no começo de nossas relações. Era inevitável pensar no Marquês de Sade, trancafiado no hospício em Charenton, escrevendo sua filosofia.

Por associação de ideias, me lembrei deste verso, aparentemente, banal de Paul Valéry, "A Marquesa saiu às cinco horas", que tanta tinta fez correr, ensinando como um romancista não devia escrever se quisesse evitar o lugar-comum, aliás, o pior dos crimes que um escritor podia cometer. Por que me lembrei desse verso-advertência do autor de *Monsieur Teste*? Mar-quise, escandindo assim ligeiramente as sílabas, fazia logo pensar nas iniciais de M.Q., cujo aspecto lânguido e antigo me evocava certa personagem aristocrática de um romance do século XIX. No entanto, minha personagem, minha paciente não era nobre. Ao contrário, era servil na maior parte das vezes, embora demonstrasse certo desgosto para a servidão. Se por um lado isso lhe dava algum prazer oculto, por outro, parecia também desagradar. Mas voltando à pergunta, por que me lembrei dos versos de Valéry? Por causa da hora em que a marquesa saía. Às cinco, como minha paciente, quando sua sessão terminava. E para onde a prosaica Marquesa ia? Eu não podia saber. E para onde M.Q. ia quando deixava meu consultório, na esquina da Voluntários com a Capitão Salomão, como uma andorinha no calor do verão? Eu só podia imaginar... M.Q. era um antípoda do Marquês, um Séverin de saias. Mas que papel eu interpretava nesse romance familiar?

Deve ser por isso que, à medida que vou tentando esboçar um perfil psicológico da minha Mar-Quise, cada vez mais me apercebo que me afasto da imagem dela para ir além da Marquesa, como um navegante além-mar que se distanciava do seu destino, sem saber bem o que o esperava, se um novo continente ou um naufrágio infame como o da Medusa. É absolutamente certo que essa nova associação de ideias não é casual, porque, muitas vezes, durante sua análise, estive perto de me afogar, pois havia algo nela como um mar revolto, que tragava quem se aproximasse demais. De ideia em ideia, quem sabe, posso chegar a algum pensamento que faça sentido, se não para o meu próprio proveito, ao menos para uma leitora de psicanálise, como você que aí está com meu livro nas mãos. Se porventura conseguir também uma leitora não psicanalítica, melhor ainda. Sim, pois tenho a esperança vaga de algum dia ser lido por uma leitora que não conhecesse nada de psicanálise, isto é, que lesse essas linhas surgidas meio ao acaso, sem meta nem direção aparente, que tivesse o inconsciente como ponto de partida, não o inconsciente individual, mas o formado pela ligação do meu inconsciente com o dela, para, a partir desse terceiro, chegarmos a algum pensamento violento e original.

Por isso, minha meta não é escrever para M.Q., mas para me distanciar dela, para ir adiante a partir desse ponto zero da escrita. Se ela, muitas vezes, exerceu sobre mim um movimento de atração, como uma força centrípeta, minha escrita pretende tomar precisamente o caminho contrário, indo em direção às bordas, aos limites ao invés do centro. Assim fazendo, eu estaria criando na realidade uma espécie de método da escrita, em que a fonte da pulsão está do lado de dentro, porém o objeto e a meta a serem alcançados estão do lado de fora. Os psicanalistas talvez o chamassem de método pulsional da escrita. Alguém poderia se perguntar: mas qual escrita não seria pulsional, isto é, emocional, impulsiva e essencialmente irracional? Eu prefiro chamá-lo de método Masoch. Porém, por mais que se tente apreender uma mentalidade, um tipo de caráter em sua totalidade por meio de algum procedimento estético ou psicológico, sempre resta algo inacessível à nossa compreensão, um ou outro traço nos escapa. Talvez isso defina não a psicanálise, mas a essência do meu método: a tentativa de aprisionamento e a fuga, sobretudo a fuga. Mas vamos começar pelo princípio, que não deixa de ser também um dos métodos de captura, que no final das contas nos aprisiona. Quem sabe, assim, M.Q. possa não apenas se esquivar da minha escrita, do meu impulso de controle e domínio, mas, a partir do mesmo gesto, eu possa libertar a mim mesmo?

2. As entrevistas preliminares

Em vez de falar das primeiras entrevistas que tive com M.Q., sinto que preciso retroceder brevemente no tempo e deitar no papel duas ou três linhas sobre o meu analista, assim como eu me deitava em seu divã, para quem o tema das entrevistas iniciais em análise era especialmente caro. Se M.Q. deitava-se no meu divã, e eu, por minha vez, me deitava no de Fernando Rocha, poderíamos dizer que ela também estava deitada no dele? Creio que a resposta para essa indagação é sim. E por que minha paciente, afinal, se deitava, isto é, por que ela estava tão interessada em se analisar? Para isso, é preciso ligar as pontas dessa história. Bem, no início ela não estava interessada, mas eu estava – essa é um ponta –, havia o meu desejo de analisar. A outra ponta era a sua demanda de ajuda. A terceira ponta, se podemos chamá-la assim, era a do meu analista. A quarta era a da minha supervisora. E a quinta, pois havia também uma quinta e última ponta, era a da escrita.

É inevitável pensar em algo que antecede o ato sexual quando escutamos falar em entrevistas preliminares, mas o sentido dado aqui é outro, ainda que não tenha sido gratuita a escolha do termo para designar as primeiras entrevistas realizadas com um paciente, que antecedem o tratamento propriamente dito. Entretanto, não vou falar aqui sobre o sentido de tais encontros entre analistas e analisantes, pois há obras disponíveis sobre o tema, inclusive a do meu próprio analista, mas apenas dizer que, ao vir me ver pela primeira vez, M.Q. desmaiava. Havia algo que turvava seus sentidos e, de repente, ela desfalecia. Mas do que ela desfalecia? Como todo sintoma, o desmaio guardava um sentido, que tanto ela quanto eu ainda desconhecíamos.

Sem muito hesitar, eu diria que a maior qualidade do campo analítico é justamente a ambiguidade, essa palavra tão sutil e imprecisa que encontrei tempos atrás num ensaio de Willy e Madeleine Baranger, tributária da ambiguidade estabelecida entre o paciente e seu analista, na qual este último ocupa um lugar predeterminado pelo inconsciente de seu analisando, mas também pode vir a se instalar noutro lugar. *Eu é um outro*, diria o enigmático Rimbaud. Isso fazia com que eu assumisse um determinado papel na cena transferencial sem ter consciência de que o fazia, sendo agido pelo inconsciente dela mais do que propriamente agindo, o que me dava a chance de sonhar que figura do seu imaginário eu estava atuando. Assim, por meio da ambiguidade que se instaurava a partir da transferência de moções, pensamentos e sentimentos de M.Q. à minha pessoa, não era mais possível decidir quem de fato eu era num dado instante, pois ora eu era algum personagem do seu inconsciente, ora o seu analista. A ambiguidade vinha da impossibilidade de decidir: Eu era eu e também um outro.

Não era para decidir, afinal de contas, pois a cena que ia se desenrolar entre nós dois desde as entrevistas iniciais, a cena que viria a ser transferida para a situação analítica, pela qual poderíamos ter algum entendimento sobre a criança que ela foi um dia, era a atualização de uma fantasia infantil em que ela e eu estávamos ligados por um laço que não podia ser desfeito. Se, poucos meses depois de iniciada a análise, M.Q. iria ser "capturada" pela transferência amorosa, como ela costumava se referir ao sentimento que violentamente a dominou, nas primeiras entrevistas que tivemos, ela se queixava do laço que a unia a um primo. Não apenas M.Q. desmaiava como havia se tornado cativa de um relacionamento que a aniquilava aos poucos, mas não porque o amante a matava lentamente, e sim porque ela mesma se deixava morrer, abandonando-se voluntariamente à dor. Mal sabia que aquele romance de que ela fazia parte era uma reedição de *O primo Basílio*. Havia muitas coisas que eu ignorava antes de conhecer *la marquise*, ou que conhecia só dos livros, e uma delas era que alguém podia entregar-se à autossatisfação na dor. Assim, como só depois vim a descobrir, desmaiar era uma maneira de emular a morte, uma espécie de *petite mort* por breves espasmos, como os franceses se referiam ao orgasmo.

E foi mortificado que eu também iniciei a minha análise com Fernando. Mas, para falar desta outra ponta da história, é preciso voltar um pouco no tempo. Antes de procurá-lo com o intuito de fazer a formação em psicanálise, eu fiz um novo período de análise com a minha primeira analista, que durou cerca de um ano. Procurei novamente a análise porque meu pai teve um câncer do sistema linfático e eu me distanciara dele durante a doença. Estava enciumado e com raiva fazia alguns anos, quando ele descobriu um linfoma não Hodgkin no estágio inicial. Contudo, no lugar de me queixar com meu pai por não ter me sentido defendido por ele numa briga com um dos meus irmãos, preferi a amargura e o distanciamento. Porque ele havia sido ausente durante minha infância, agora eu é quem me ausentava. Eu me sentia aviltado e humilhado como o protagonista das *Memórias do subsolo*, de Dostoiévski. O rancor me consumia a tal ponto que uma gastrite nervosa apareceu dentro de pouco tempo. Tinha fantasias homicidas contra o meu irmão, que eu considerava o filho preferido. Durante a quimioterapia, tratei meu pai com desprezo e indiferença para que ele provasse como eu havia me sentido. Não fui compreensivo com sua angústia diante da morte nem solidário durante sua convalescença. Meu segundo filho nasceu nesse meio tempo, o que trouxe uma grande felicidade para mim e um pouco de paz. Felizmente meu pai se recuperou após alguns meses de tratamento. Eu fingia que as coisas estavam bem. Porém, após tudo que havia acontecido entre nós, me sentia imensamente culpado e deprimido. Nossa relação havia se deteriorado bastante. Foi nesse estado que procurei novamente Elizabeth Monteiro, que havia sido minha analista durante o curso de medicina.

Ao longo dessa segunda fase da minha análise, decidi que eu faria a formação psicanalítica na Sociedade Brasileira de Psicanálise do Rio de Janeiro, a SBPRJ, da qual minha analista era membro associado. Ela me ajudou a entender a razão da minha mágoa com meu pai. E também a me reaproximar da psicanálise, da qual eu me afastara durante a formação em psiquiatria. Naquele tempo, estava insatisfeito com a minha clínica porque percebia que os sintomas dos pacientes podiam ser aliviados até certo ponto com a prescrição de um medicamento, mas havia outros que necessitavam de outro tipo de remédio: a palavra falada e a escuta psicanalítica. Se eu havia buscado a análise por uma questão relacionada à falta de reconhecimento, a partir de então eu iria procurar a formação para ser reconhecido entre meus pares, meus "irmãos", para obter aquilo que não tivera no passado. Mas naquele momento eu ainda não tinha consciência de que essa era uma das razões para querer me tornar analista, somente no *après-coup* pude formulá-la para mim mesmo. Havia também outras razões além dessa, como pude compreender mais tarde.

Embora estivesse determinado a fazer formação, hesitei durante certo tempo porque teria que interromper minha análise com Elizabeth e procurar um analista didata da SBPRJ, habilitado a analisar candidatos, ministrar seminários clínicos e dar supervisão oficial. Foi a minha própria analista quem me indicou o nome de Fernando Rocha, de quem eu não tinha ouvido falar até então. Ela imaginava que, por ele ter feito a formação psicanalítica na Société Psychanalytique de Paris, a SPP, isso podia me interessar, pois eu havia feito minha especialização em psiquiatria na França, no início dos anos 2000. Hoje vejo que por ter pensado na dupla que eu formaria com meu futuro analista, Elizabeth contribuiu para que essa análise tivesse a chance de ser bem-sucedida. Isso não é algo a ser negligenciado nesse métier, pois existem análises que seguem o mesmo padrão definido pelo escritor norte-americano Philip Roth para alguns tipos de histórias: elas começam mal e terminam pior ainda.

Não me lembro bem como minha segunda análise começou, mas me recordo que, ao me queixar para Fernando do meu pai nas entrevistas preliminares, ele me disse algo que causou em mim uma forte impressão, a de que eu era escutado de um jeito diferente do qual havia sido até então.

"Você não se sentiu reconhecido por seu pai uma vez mais", ele disse com um sorriso à la Mona Lisa, balançando levemente o ombro esquerdo.

"Eu não tinha pensado nisso antes", eu falei, confirmando sem o saber o que Freud havia escrito em *Construções na análise*, a respeito da veracidade da interpretação. Isso podia ser traduzido em algo do tipo: *Sim, você disse uma verdade sobre o meu inconsciente, mas que eu, na minha ignorância, desconhecia.*

Talvez sem ter consciência do alcance de sua interpretação, Fernando reconhecia a causa da minha queixa, legitimando-a, justo a mim, que me sentia ilegítimo por causa das minhas origens. Ele não disse que eu tinha razão em acusar meu pai por este não ter preferido tomar o meu lado numa disputa que tive com meu irmão, mas pôde dar um sentido novo ao meu sentimento antigo de não ter sido considerado bom, legítimo ou verdadeiro. Se é verdade que todas as famílias felizes são iguais, mas as infelizes o são cada uma à sua maneira, como disse Tolstói, a minha era infeliz de um jeito particular. Não quero dizer com isso que éramos particularmente infelizes, mas tampouco felizes nós éramos por uma série de vicissitudes, que não vêm ao caso agora. Mais adiante falarei disso, porque penso que essa vivências determinaram, em larga medida, minha escolha em me tornar psicanalista.

Ao final dessa primeira entrevista, quando terminamos de conversar e marcamos a data do próximo encontro, perguntei ao meu futuro analista quanto lhe devia pagar. Já de pé e encaminhando-se para me abrir a porta do consultório, ele respondeu que teríamos oportunidade de conversar sobre essa questão na próxima vez. Tentei insistir, mas não sei se foi Fernando que não me deu a chance de refazer a pergunta e me estendeu a mão para se despedir ou se não tive a coragem de perguntar. Na verdade, a recusa em tratar dos honorários naquele primeiro encontro fez com que eu me sentisse em dívida com ele, mas cuja origem remontava à relação com meu pai, pois a dívida nada mais era que um substituto da culpa que eu experimentara por tê-lo abandonado justamente na hora em que ele mais precisava de mim.

Encerradas as entrevistas preliminares, decidi com Fernando que começaríamos minha análise assim que eu retornasse de uma viagem a Paris em família, programada para o final de abril, que já estava marcada com antecedência. Fazia uns dez anos desde que eu voltara da França, onde havia feito minha especialização em psiquiatria e um mestrado. Saí do consultório do meu futuro analista com um sentimento que não sabia bem definir. Assim que me pus a caminhar pela Rui Barbosa, indo em direção ao estacionamento, me veio à lembrança um encontro completamente esquecido com um amigo e colega psiquiatra, pouco tempo antes da minha primeira viagem a Paris.

Algum tempo antes desse encontro, eu havia tentado uma vaga de estágio escrevendo diretamente para os chefes dos serviços de psiquiatria em Paris, mas não obtive nenhuma resposta. Após alguns meses de busca, já não tinha muitas esperanças quando finalmente recebi uma correspondência do chefe da psiquiatria do hospital Bicêtre, nos subúrbios ao sul da capital. O professor Patrick Hardy teve a boa vontade de responder minha carta, informando que, para fazer uma demanda de estágio, eu precisava primeiro agendar uma entrevista com o coordenador da pós-graduação, me passando suas coordenadas. Por isso, nenhuma das cartas por mim enviadas tinha sido respondida até então.

Naquela tarde em que nos encontramos, ao saber que eu estava prestes a ir estudar fora, Marcos Meireles, que fizera a residência médica na França poucos anos antes, ficou visivelmente excitado. Eu acabara de receber pelos Correios o certificado do coordenador da pós-graduação em psiquiatria da região Île-de-France, Jean Adès, autorizando minha inscrição no certificado de formação especializada avançada (AFSA, na sigla em francês) para o ano universitário que começaria em novembro. Ainda não sabia disso, mas era uma espécie de *laissez-passer* o que eu tinha em mãos. Depois de alguns meses de dúvidas e inquietações sobre meu futuro, eu mostrava o papel para todo mundo, tamanha era minha felicidade, nem sei como o tenho guardado comigo até hoje. Sei que mostrei aquele papel timbrado do CHU Louis Mourier para vários colegas, mas não sei se o mostrei para Marcos naquela ocasião.

[Autorização de inscrição no AFSA]

Não sei bem o porquê, mas Marcos e eu simpatizamos um com o outro desde que nos conhecemos num plantão na emergência do Hospital Psiquiátrico de Jurujuba, em Niterói. Ele era um pouco mais velho, mas já um médico bastante conceituado, enquanto eu era apenas um jovem médico residente em psiquiatria. Embora não tivesse consciência disso naquele momento, Marcos era um modelo ao qual eu procurava corresponder, talvez me adequar, em suma, ele era o meu Ideal do Eu. Nos plantões, conversávamos sobre algum livro ou filme que tínhamos lido ou visto recentemente e queríamos compartilhar. Mais tarde, quando decidiu se mudar para o Espírito Santo, após ter se apaixonado por uma psicóloga capixaba que conhecera na Clinique de La Borde, me encaminhou os pacientes de sua clínica. Aquele gesto de confiança e generosidade me tocou profundamente, pois ele via algo em mim que naquela época eu mesmo desconhecia.

Me lembro como se fosse hoje do dia em que nos esbarramos na recepção da emergência pela última vez antes da minha partida. Marcos me dera a notícia de sua mudança iminente para Vitória, pois a mulher que eu ainda não tivera a oportunidade de conhecer estava grávida e o bebê estava para nascer. Ao saber que eu faria uma entrevista com o coordenador da pós-graduação em Colombes, nos arredores de Paris, antes da minha inscrição definitiva na Université Paris 7, ele recomendou com veemência que, quando fosse àquela cidade, não deixasse de provar o *pain au chocolat* feito numa pequena padaria perto do hospital. Era melhor do que qualquer outro que eu provaria em Paris! Apertamos demoradamente as mãos antes de nos despedir. Apesar de minhas dúvidas, não ousei discordar da sua recomendação e fui atrás da iguaria quando lá cheguei. Decerto aquele pão com chocolate tinha algo de proustiano, mas no sentido inverso. Mal sabia eu que, anos depois, tendo perdido completamente o contato com Marcos desde aqueles tempos, iria reencontrá-lo por intermédio de Evelyze Louzada, sua mulher, que veio a ser minha colega de turma quando ingressei na formação da SBPRJ.

Ao final do segundo ano da minha estadia em Paris, recebi um convite da minha orientadora Marie Rose Moro para fazer doutorado, mas tinha planos de ter filhos e queria ter bastante tempo para escrever, o que eu julgava não poder fazer numa cidade como Paris, pois teria que me mudar para um *banlieue*[1]. Assim, junto com minha mulher, tomamos a decisão de morar na minha cidade "natal", Macaé, a capital do petróleo no norte do estado do Rio de Janeiro. Eu brincava com amigos que nos perguntavam a razão de termos nos mudado para o interior ao invés de preferir o Rio – uma cidade grande e com mais oportunidades de trabalho

---

[1] Conjunto das localidades que formam a periferia de uma cidade [N.E.].

para um casal de médicos recém-formados. Dizia que estávamos fazendo um remake, porém sem o mesmo glamour, do filme *Paris, Texas*, de Wim Wenders.

Quando estava prestes a começar minha análise com Fernando Rocha, uma outra viagem a Paris estava na iminência de ocorrer, diferente da que eu fizera anos antes. Na verdade, a viagem já tinha começado havia meses: enquanto fazíamos os primeiros preparativos, as crianças tinham aulas de francês com uma professora particular; tínhamos planejado quais passeios faríamos, os museus que iríamos visitar, os restaurantes em que comeríamos. Enfim, era grande nossa expectativa. Combinei com Fernando que faria contato após meu retorno ao Brasil, nos despedimos e fui viajar. Hoje, ao olhar para trás e ver o ponto em que estava ao tomar a decisão de recomeçar uma terceira análise, com a finalidade de me tornar analista, me pergunto o que eu estava realmente buscando com aquela viagem. Se a razão aparente era uma viagem de férias em família para rever os amigos e colegas, e também para fazer meus filhos pequenos conhecerem e descobrirem Paris, qual seria a causa secreta que me movia em direção à França? Qual era a razão, afinal, dessa viagem nesse exato momento de minha vida? Eu ainda não podia saber...

Embora ao longo da faculdade de medicina eu tivesse cogitado fazer a formação em psicanálise quando terminasse a graduação, adiei a ideia indefinidamente depois de ter passado pela cadeira de psiquiatria. Durante a maior parte da graduação, eu não tinha a menor ideia do que escolher como especialidade médica. Era um aluno mediano, me interessava mais ou menos pelas matérias do ciclo básico, mas não tinha nenhuma inclinação ou preferência particular por uma delas, ao contrário de alguns colegas, que já sabiam desde o início a especialidade que iriam abraçar ao final do curso. Então, durante certo tempo, ainda que não tivesse interesse particular por nenhuma das matérias, pensei que eu podia muito bem concluir a faculdade – pois, afinal, não desgostava do curso, apenas não me sentia entusiasmado com ele – e depois fazer uma formação em psicanálise. Porém, antes de vislumbrar essa possibilidade, eu me imaginava cursando a mesma especialidade de meu pai, para depois voltar e trabalhar ao seu lado. Na realidade, só pensava assim porque, quando era mais novo, tinha uma visão um tanto infantil do meu pai, a de que ele dispunha de autoridade e poder absolutos, ao passo que eu só sobreviveria se fosse à custa dele, e não por minhas próprias pernas. Eu tinha medo, muito medo, e ninguém se torna alguém na vida sem coragem. Além disso, mais do que o medo, havia também o senso de que eu ainda não era uma pessoa, mas talvez uma extensão do meu pai, alienada de mim mesmo, sem uma identidade própria.

O desvio que fiz pela psiquiatria após concluir o curso de medicina, até retornar à psicanálise anos mais tarde, fazendo dessa especialidade médica uma escolha profissional desde então, talvez tenha significado um primeiro retorno a mim mesmo. Se percebo uma nítida influência de meu pai na escolha que fiz pela medicina, em relação à psiquiatria eu não podia dizer o mesmo, pois sentia que a escolha era minha, não dele. Não era a primeira vez que eu sentia ter conquistado alguma autonomia, alguma independência em relação ao meu pai, não mais tendo a impressão de que eu só existia por causa dele, mas por mim mesmo. Contudo, era talvez a primeira vez em que eu me sentia plenamente capaz de ter algum domínio sobre mim, conduzindo minha vida segundo minhas próprias leis, não mais dependendo dele ou sendo inteiramente submetido a ele, condições que não combinavam mais comigo. Ainda que aspirasse a ser um homem autossuficiente e com autonomia, livre de qualquer influência dali em diante, eu iria repetir esse padrão de dependência que estabelecera com meu pai quando da minha primeira viagem à França, na qual transferi para minha mulher a expectativa e os sentimentos que antes direcionava a ele.

Em razão disso, desde que meu pai foi acometido por uma doença degenerativa nesses últimos anos, que gradativamente tem afetado seu vigor físico e sua capacidade intelectual, fazendo-o dependente de mim para uma série de tarefas do dia a dia, a relação entre nós dois se inverteu, quando então passei a assumir a tarefa de cuidar dele, o que poderia ser considerado uma espécie de resiliência de minha parte, mas que prefiro chamar de ironia amarga do destino.

Assim, pouco antes de viajar a Paris novamente, dessa vez não mais para morar e trabalhar na cidade, mas somente para uma visita a passeio de poucas semanas, eu não sabia ao certo o que me esperava, ou melhor, sabia, sim, a causa aparente, mas não o impulso inconsciente que me movia a seguir adiante no momento anterior ao começo de minha análise de formação. Ao olhar para trás e avaliar o ponto em que estava aos 40 anos de idade – insatisfeito com a minha carreira de psiquiatra e sem ter obtido o sucesso que esperava como escritor de ficção –, penso que essa viagem teve para mim um caráter iniciático, uma espécie de rito de passagem, a partir do qual eu iria inexoravelmente me transformar em mim mesmo, ser um outro eu, aquele que estava destinado a ser desde a noite dos tempos.

Ao tentar elaborar uma experiência transformadora por intermédio da escrita não ficcional, ou seja, de uma narrativa que se assemelha em tudo a um relato autobiográfico, mas que se apoia essencialmente nas deformações da memória para reconstruir os fatos – ainda que relativamente recentes – que me levaram ao que sou hoje aos 48 anos, é preciso relatar minhas experiências sem transmudá-las a fim de realizar uma tarefa que me pareceu por muito tempo quase impossível: tomar posse de mim mesmo. Por outro lado, ao escrever sobre esses anos de formação psicanalítica, talvez eu esteja sem o saber não apenas escrevendo sobre o processo que leva alguém a se tornar analista, mas sobre os mecanismos internos da formação do caráter, da personalidade. Por que decidi me tornar analista enquanto meu verdadeiro *self* parecia ser o de escritor? Por que resolvi morar no lugar onde estou? Por que razões divido minha vida com a pessoa que vive comigo? A fim de responder, ou melhor, tentar responder a essas perguntas, não para uma leitora imaginária, mas para mim mesmo, me pergunto que interesse poderia haver em me apresentar assim publicamente, sem disfarce, já que isso poderá me prejudicar profissionalmente, pois para bem exercer esse ofício, seria preciso ser abstinente e neutro. Seria?

Bem, em primeiro lugar, o sentido da escrita para mim é o de revelar, com a maior franqueza e honestidade possíveis, aquilo que de minhas origens, da minha história precisou ser apagado, ser escondido. Em outras palavras, mantido nas sombras, longe da vista de todo mundo, a fim de que eu me tornasse visível a meus próprios olhos, como a pessoa que sou neste momento de minha vida. Talvez escrever signifique não apenas uma forma inconsciente de me fazer visto, mas, sobretudo, reconhecido, algo que não fui quando criança. Paradoxalmente, não foi casual a prática da psicanálise na vida adulta, porque ao lado desse desejo infantil de "aparecer", escolhi um ofício em que era preciso guardar certa discrição; o ideal por parte de um analista é não se desvelar tanto, justamente para não dificultar a transferência por parte do analisando.

À diferença do escritor francês Georges Bataille, de quem tomei emprestado uma frase para servir de título ao meu último romance, escrevo, não para apagar meu nome, mas para revelá-lo. Sendo assim, falar de mim na verdade significa falar daqueles com quem, de um jeito ou de outro, me identifiquei desde o início da minha existência, que formaram a base da minha pessoa e que contribuíram para minha formação. Em razão disso, falar da minha mãe e do meu pai, do meu analista e da minha supervisora, que poderiam ser considerados substitutos dos primeiros – mas não o são –, é contar a partir de quem eu me fiz primeiro homem, depois psicanalista e escritor. Da mesma forma, contar sobre as entrevistas preliminares, a análise, a supervisão e a escrita já não é contar mais sobre mim, mas, sobretudo, de um outro. E que outro é esse? Se é verdade que fazemos nosso destino do acaso, que o fazemos precisamente porque falamos, como disse Lacan em *Joyce, o sinthoma*, acreditamos dizer aquilo que queremos, enquanto na realidade dizemos o que quiseram os outros. Em suma, como o autor de *O seminário* vaticinou, é nossa família que nos fala, ou melhor, nós somos falados por eles.

Se os histéricos sofrem, sobretudo, de reminiscências, como disse Freud em *Estudos sobre a histeria*, eu iria me reapropriar da minha vida lembrando.

3. A análise

Se eu pudesse resumir em poucas linhas o sentido da análise que empreendi com Fernando, seria o de ter me tornado alguém. Pode parecer estranho, mas foi justamente isso que a análise me propiciou: uma identidade, um nome, aquilo que meu pai não me havia dado. Por isso, a questão de me fazer um nome sempre foi algo importante para mim. Não tendo recebido um quando criança, passei grande parte da minha vida à procura de renome, sem saber que não era fama o que eu mais queria, mas reconhecimento. Se criança eu esperava que o reconhecimento viesse do pai, adulto passei a esperá-lo de outras fontes.

Quando minha mãe ficou grávida, meu pai ainda estava casado com a primeira mulher, que tinha acabado de descobrir a gravidez do quarto filho do casal. À medida que a barriga foi ficando cada vez mais evidente e os rumores na cidade pequena aumentavam na mesma medida, meu pai preferiu que minha mãe fosse morar numa cidade um pouco maior, não apenas para protegê-la, mas decerto para proteger a reputação dele. Logo após o meu nascimento, ocorrido menos de um mês após o de minha meia-irmã, voltamos para Macaé, onde minha mãe e eu fomos morar juntos e meu pai continuou a viver pacificamente com a primeira família. Recebi um prenome, mas não o sobrenome do pai, pois só fui registrado pela minha mãe dois ou três anos após meu nascimento. Na minha antiga certidão de nascimento, havia uma lacuna no lugar indicado para o nome do pai. Assim, durante os meus primeiros sete anos de vida, portei apenas o sobrenome de minha mãe. De certo modo, eu era órfão.

[Certidão de nascimento, inteiro teor]

Talvez neste ponto seja preciso colocar minha inclinação para o drama um pouco de lado, pensando que se não tive um pai nos primeiros anos de vida, pelo menos havia um tio materno que assumiu a função durante boa parte de minha vida, como ocorre em algumas sociedades africanas matrilineares, nas quais o pai cumpre apenas a função de gerar um filho, sendo a educação da criança assumida pelo irmão da mãe da criança. Se por um lado me contenta saber que houve figuras paternas, que se revezaram na função ao longo dos anos, por outro, é indispensável reconhecer os efeitos dessa lacuna, desse vazio na minha vida.

[Imagem da função paterna]

Se quando criança sofri da ausência do meu pai durante os primeiros seis anos – e depois do nascimento de minha irmã caçula, ainda que meu pai tivesse vindo morar conosco, a sua ausência se fazia cada vez mais sentida, pois, mesmo presente, ele não estava de fato lá; seu corpo, sim, mas sua mente, não –, na vida adulta eu iria passar de objeto da ausência a agente dela. Eu iria torná-la característica fundamental da minha pessoa, passando a fazer dela um traço conspícuo, como um esgar ou um tique que não se pode evitar.

Assim, quando retornei da minha viagem à França, não fiz contato imediatamente com Fernando para iniciar a análise. Eu casualmente não havia fixado uma data. Por quê? Primeiro, acho que eu já me ausentava, antes mesmo de iniciada a análise. E segundo, penso que hesitava em colocá-lo no lugar de analista, em razão do lugar vago que meu pai deixara ou, quem sabe, porque ainda não havia aceitado inteiramente a ideia de interromper o tratamento com Elizabeth. Eu tinha dito a Fernando antes de viajar que ligaria quando estivesse de volta. Entretanto, chegara havia algumas semanas, mas ainda não o havia procurado, até que ele me escreveu, perguntando quando eu pretendia, afinal, começar a análise. Esse chamado do meu analista, essa convocação que ele me fazia, talvez sem o saber, era um convite para eu vir ocupar um lugar no qual até então não havia podido estar.

Escrevi de volta e fixamos uma data para o começo da análise no início de junho daquele ano, que coincidia com o aniversário da minha irmã caçula, cujo nascimento determinou o divórcio do meu pai da primeira mulher e o início da união estável com minha mãe. Eu não havia atentado para esse fato, só mais tarde percebi a coincidência das datas. No início da minha formação, era preciso cumprir um período prévio de análise de, no mínimo, dezoito meses antes de ingressar no Instituto de Formação Psicanalítica para cursar os seminários teóricos do período introdutório.

Por não residir no Rio, minha análise precisava se dar de maneira condensada, porque eu só podia estar na cidade nas quintas e sextas-feiras. O resto da semana era passado em Macaé, dividido entre os atendimentos no consultório e as aulas que eu ministrava na faculdade de Medicina como professor substituto. Assim, combinamos que eu teria duas sessões na quinta e mais duas na sexta-feira, separadas por um breve intervalo, que eu costumava passar num café perto da residência do meu analista, lendo algum volume das *Obras Completas* de Freud ou algum romance de Thomas Bernhard ou Paul Auster que me caísse nas mãos. Minha análise com Fernando impunha viagens semanais de Macaé ao Rio, que eu fazia de carro em pouco mais de duas horas, ao som de János Starker tocando as suítes de Bach para violoncelo ou de John Coltrane improvisando *My favorite things* no sax tenor. O jazz e a música clássica eram nítidas influências do meu pai, que me apresentou a ambos na adolescência, e passaram a fazer parte dos meus interesses desde então.

Quando toquei no número 624 da Avenida Rui Barbosa, no Flamengo, numa fria tarde de junho, a secretária silenciosa me recebeu e pediu para que eu aguardasse na sala de espera, finamente decorada com esculturas e carrancas de madeira, que traíam a origem pernambucana do meu analista – um "matuto que tinha estado em Paris", nas suas próprias palavras –, livros de arte, algumas gravuras e quadros. Não muito tempo depois, Fernando apareceu na porta que dava para o interior do apartamento e, com um leve sorriso no rosto e um breve aperto de mãos, me convidou para entrar no consultório. Após fechar a porta dupla atrás de si, fez um gesto evasivo, indicando o divã para eu me deitar.

"Então...", Fernando sussurrou, após ver que eu hesitava em falar.

"Estou aqui porque quero ser analista", eu disse, alisando o manto feito de uma lã fria, ornamentado com pequenas flores-de--lis douradas sobre um fundo azul royal, que recobria o divã na penumbra da peça. "A IPA (Associação Psicanalítica Internacional, na sigla em inglês) determina que minha análise seja conduzida por um didata", falei, sem me dar conta de que IPA era um anagrama da palavra pai.

"Sim, isso eu sei", Fernando respondeu, com certa impaciência. "Mas por que você quer ser analista?", ele perguntou, não dando atenção à razão expressa, mas procurando o desejo latente contido na minha reposta administrativa. Nessa época, eu ainda não sabia a que ponto a neurose podia ser tão manifestamente obsessiva.

Ao me fazer a pergunta à queima-roupa, ele me fazia pensar no motivo inconsciente que me levava a querer me tornar analista. Uma associação de pensamentos surgiu a partir da pergunta. A primeira ideia que me veio à mente foi uma lembrança da infância de Freud, que eu devo ter lido na biografia escrita pelo historiador Peter Gay, em que o psicanalista austríaco, quando era uma criança pequena, acreditava ter ajudado sua mãe a se recuperar de um luto pela perda do primogênito morto prematuramente. Esse sentimento que experimentou tão precocemente o marcou, de maneira indelével e teria determinado sua escolha pela carreira médica, especialmente a área que se ocupava, então, das doenças nervosas. Desde muito cedo, Freud tinha a íntima convicção de que havia devolvido a vida e a alegria de viver à mãe, o que incutiu nele um misto de coragem, força e determinação que o acompanhariam vida afora.

A segunda ideia que me veio à lembrança foi a de minha mãe, ou melhor, no papel que desempenhei junto a ela desde cedo em minha vida. Ao longo da infância, assisti a uma série de eventos que foram formando dentro de mim a imagem de uma mulher com uma vocação ineludível para o sofrimento. Minha mãe me fez testemunha de seu martírio, pois desde que meu pai e ela passaram a viver juntos, sua vida passou a ser um rosário de queixas e lamentações infindas em razão das inúmeras mulheres com quem ele se envolvia. As infidelidades se sucediam num ritmo veloz, cada vez mais vertiginoso, e minha mãe se submetia a elas, não com resignação, mas por absoluta dependência, não conseguindo romper com aquela compulsão que a enredava cada vez mais. A humilhação e o sofrimento dela me marcaram imensamente, o que fazia não só eu me identificar com o desamparo dela, mas querer de alguma forma mitigá-lo, aliviar sua dor. Quando a consolava após mais um abandono, vendo que seus olhos verdes voltavam a brilhar e um leve sorriso, ainda que tênue, aparecia entre as lágrimas que mal tinham acabado de molhar seu rosto, talvez eu sentisse algo parecido com o que Freud experimentou junto à mãe. O que exatamente um médico experimenta quando sua ação junto ao paciente – tendo levado à melhora do estado geral deste e do abatimento provocado pela doença – resulta num benefício inequívoco para um e num ganho inestimável para o outro? Não sei. O que sei é que, num primeiro momento, minha mãe era o único objeto de meus cuidados. Mais tarde, talvez, esse investimento nela tenha sido transferido para aqueles que vieram a ser meus pacientes.

Mas vou voltar a falar do meu analista, a falar dele pelo simples fato de assim evitar falar diretamente de mim mesmo. Fiz diversos usos da minha análise, do meu analista, que nem saberia dizer ao certo, pois apenas sou capaz de falar daqueles de que me dei conta: para falar sobre meu pai, minha mãe e a origem do meu desejo em ser analista, o pai que eu era para os meus filhos, por que eu escrevia, para quem eu o fazia, os livros que estava escrevendo ou as ideias para os próximos, os livros que eu lia, os sonhos…

Eu chegava no Rio sempre às quintas-feiras no início da tarde, estacionava o carro perto do apartamento do meu analista – às vezes dava tempo para um café ou para ser surpreendido pela figura elegante do escritor Garcia-Roza, que morava ali perto –, caminhava pela Rui Barbosa a passos largos, com sol ou com o céu coberto de nuvens, desde a primavera até o inverno, sentindo a brisa da Baía de Guanabara no meu rosto ou debaixo de um temporal, até dar com o prédio na esquina do pátio comum a três edifícios, onde, após subir um lance de escada, tocava a campainha à espera de Francilene abrir. Depois de me instalar confortavelmente na poltrona da sala de espera com um livro sobre a passagem de Pierre Verger pelo

Brasil ou algum autor da psicanálise nas mãos, aguardava o paciente das 14h sair para eu, em seguida, entrar. Às vezes, ouvia sussurros ou rumores vindos do interior do apartamento, vestígios da vida privada de Fernando que chegavam até mim indistintos e vagos, mas que me faziam imaginar as vidas que eram vividas do outro lado daquelas paredes. Detrás da figura do analista frio e impessoal, envolto numa aura de mistério e fascínio, havia a pessoa real do psicanalista, um homem que, quando não estava a atender seus analisandos, tinha uma vida igualmente comum a todos os homens.

Fazia alguns meses que eu vinha falando sobre a relação com meu pai na análise, ainda que contasse também sobre muitas outras coisas que estavam acontecendo na minha vida naquela época, quando tive um sonho pavoroso. Estávamos no mês de dezembro, era a última sessão antes do recesso do final de ano, antes das minhas férias de janeiro. Naquela época, eu estava aborrecido com Fernando por alguma questão relacionada ao pagamento das sessões a que eu eventualmente faltasse, mas não ousara argumentar ou falar com ele sobre meu desacordo. Aceitara o contrato sem discutir, mas não tinha aderido inteiramente à ideia. Em vez de enfrentar o conflito como adulto, por temor eu me calei, como sempre fazia, e depois fiquei ressentido com ele, como havia ficado com meu pai anteriormente. A criança-em-mim atualizava então na transferência o conflito edipiano.

Naquela manhã de sexta-feira, enquanto eu folheava um livro sobre a exposição dos pintores secessionistas de Viena, a porta que dava para a sala de espera de repente se abriu e lá de dentro saiu o analisando que me antecedia, um homem de meia-idade, a barba por fazer, despenteado, com as camisas polo malpassadas e a expressão melancólica de sempre. Fernando fez um cumprimento com a cabeça. Ao adentrar no exíguo corredor, que separava a sala de espera do interior do consultório, parecia que eu entrava num túnel, cuja extensão imaginária ia até o divã. Nesse curto trajeto, por alguma razão desconhecida, eu não conseguia olhar para os lados, avançando com a resistência de um touro atolado na lama. Se eu tivesse parado para refletir naquele momento, teria me lembrado que o mesmo efeito ocorria quando eu adentrava no primeiro consultório de Elizabeth. Era quase um ritual. Ela abria a porta e me cumprimentava, eu aguardava um sinal para seguir adiante pela sala de espera enquanto ela ia, silenciosa, atrás de mim, entrava no consultório muito limpo, não ousava olhar para a estante cheia de livros à minha esquerda, que tanto me fascinava, e então me deitava no divã. Mal comparando, esse breve túnel em que eu avançava me fazia pensar num longo tubo digestivo, onde eu era engolido, depois percorria toda sua extensão numa expectativa ansiosa até ser expelido na outra extremidade, como um dejeto ou um resto.

Todavia, essa não era a imagem que melhor descrevia meus sentimentos quando me detive subitamente ao pé do divã, segundos antes de me deitar, sem conseguir olhar para o lado e divisar a estante abarrotada de livros, também situada à minha esquerda, como a de minha antiga analista. Parecia que, ao olhar um pouco mais demoradamente a estante de Fernando, com seus vastos títulos de psicanálise, eu olhava constrangido para a intimidade de meus pais, especialmente a de meu pai, que possuía uma biblioteca eclética e desordenada. Se algo desse constrangimento me remetia à cena primária – cena da relação sexual entre os pais, observada ou fantasiada pela psique infantil a partir de certos indícios –, esse mesmo embaraço deslizava agora para a cena transferencial, me impedindo o prazer de olhar. Mas que mal havia em lançar um olhar furtivo para uma simples estante coberta de livros de cima a baixo? Na verdade, por que eu deveria me opor à satisfação, senão porque a culpa lá de trás se misturava ao meu prazer atual? Mas nada disso cogitei na véspera de minhas férias, quando, afinal, me deitei sobre a manta azulada com debruns dourados.

Fernando havia acabado de se sentar na poltrona fora do meu campo de visão e permanecia calado, mas presente, aguardando que eu começasse a falar, como um pajé que esperava algum sinal para então começar os ritos e os trabalhos.

"Tive um sonho constrangedor na noite passada, não sei se conseguirei contá-lo a você...", eu disse a meia-voz, sem saber por onde começar.

"Estou ouvindo", Fernando respondeu após alguns instantes. Hesitei por algum tempo, mas depois comecei a falar.

"Sonhei que meu pai e eu lutávamos no quarto do meu filho mais novo. Era de dia, a janela estava aberta e deixava a luz da manhã entrar. Estávamos brigando em cima da cama, como num dos quadros de Francis Bacon, e de repente meu pai me deu um golpe e me deixou completamente imobilizado sob seu corpo pesado. Tento me desvencilhar, mas meu pai é mais forte e me domina. Depois, ele vem por cima de mim e...", nesse momento eu interrompi o relato, com vergonha de prosseguir.

"Continue, estou escutando", disse meu analista, sem demonstrar qualquer piedade, como o homem que me submetia no sonho. Fico em silêncio durante alguns instantes, com medo do que posso vir a descobrir, até que tomo coragem em prosseguir com o relato.

"Por cima de mim, meu pai me penetra, sem que eu tenha forças para reagir", eu revelei afinal, tirando um peso enorme das minhas costas.

"Ah...", Fernando deixou escapar.

"Porra, pai!", eu gritei. "Por que você fez isso comigo?", perguntei, desesperado, ainda sem conseguir reagir sob o corpo dele. "Meu filho, foi você quem pediu para que fizesse isso com você", meu pai respondeu na maior cara de pau. "Caralho, pai! Daí, só porque eu pedi, você me faz uma coisa dessas?", continuei exaltado. "Isso não se faz, especialmente a um filho", foram as últimas palavras de que me lembro, antes de acordar assustado no meio da madrugada em meu quarto, ao lado de minha mulher.

Fernando se remexia na poltrona atrás de mim, quase como se esfregasse as mãos de tanta satisfação, tendo diante de si um sonho como aquele.

"E o que você pensou sobre esse sonho?", ele me perguntou.

"Não sei bem o que pensar sobre ele", eu respondi. "Mas o que me chama a atenção é o cinismo de meu pai, como se ele não se responsabilizasse pelo que fizera comigo. Ele me penetrou, mas justificava ter feito aquilo somente para atender a um desejo meu, não dele."

"Como você é quem fez esse sonho...", Fernando começou a falar, usando normalmente o verbo fazer em vez do ter para se referir aos sonhos, como os franceses fazem, porque talvez pensasse que isso descrevia melhor o trabalho do sonho, na medida em que o sujeito tinha um papel ativo nas formações do inconsciente. "Podemos pensar que isso, por mais que desperte sua repulsa, tem a ver com um desejo seu, e não do seu pai. O que você acha?", ele retomou o raciocínio, fazendo uma indagação para me fazer pensar.

"Mas por que eu ia querer ser penetrado por meu próprio pai?", perguntei, sem atinar a motivação inconsciente que jazia sob aquela imagem perturbadora.

"Você e seu pai estavam no quarto de seu filho, não? Será que isso na verdade pode significar algo do seu desejo infantil, quando você era tão somente uma criança, relacionado a seu pai?", Fernando ia iluminando o caminho, como um mateiro que vai descobrindo aos poucos a melhor vereda por onde penetrar na selva densa e escura.

"Mas que desejo seria esse?", indaguei. "O que me salta aos olhos é a relação de força entre nós dois. Ele quer me matar para depois me possuir."

"Será que você pode ter projetado seu desejo na pessoa dele? Você é quem queria matá-lo, mas a defesa distorce a coisa de tal forma que faz parecer que o desejo de morte vem do seu pai, e não de você mesmo. Em suma, o desejo infantil me parece não ser outro que o de receber por via anal a força do pai. É a homossexualidade estruturante", Fernando falou, satisfeito com o que acabara de enunciar.

"Então, tal como na tragédia de Édipo, sou eu quem desejo matá-lo a fim de ter para mim a força dele?", perguntei, não sem certo espanto. Meu analista ficou em silêncio nessa hora, esperando que eu fizesse o trabalho interpretativo por minha própria conta. Mas tive a impressão de que ele ficara excitado com a própria interpretação, pois quase podia ouvir seu ombro esquerdo se abalar para frente e para trás, como uma espécie de tique nervoso. Fernando manteve aquele ar enigmático de esfinge até o final da sessão, quando finalmenteme levantei, paguei as sessões daquela semana em espécie e lhe disse a data em que retornaria das minhas férias, dando a entender que tiraria o mês todo de janeiro para descansar. Na verdade, eu pretendia trabalhar uma ou duas semanas. Meu temor era que Fernando quisesse me cobrar por eu não vir às sessões durante o período em que estivesse trabalhando para depois justificar que nem meu pai: "Meu filho, foi você quem pediu para que fizesse isso com você". Então preferi omitir o fato, sem saber que assim eu me entregava à compulsão de repetição.

Se comparei Fernando Rocha, muitas vezes, a uma esfinge ou a um oráculo no início do tratamento, quando ele me dizia que uma das funções da análise era permitir ao sujeito tornar-se aquilo que ele é, hoje prefiro pensar na pessoa, no homem que havia por trás do analista. A figura do psicanalista não corresponde exatamente à de um adivinho, de um sábio ou de uma divindade, embora esteja envolta numa certa mística. Talvez essa imagem tenha se formado ao longo dos tempos em razão de certo caráter demoníaco atribuído por Freud às pulsões, bem como da identificação do analista a um conjurador de espíritos do mundo subterrâneo. Hoje prefiro pensar no analista como um homem comum, mas que tem um certo conhecimento adquirido por meio da análise pessoal, da supervisão, da teoria, mas, sobretudo, de seus pacientes, que o ensinam a se prestar como instrumento para um saber que ainda está por ser construído a partir da relação a dois, entre analisando e analista.

Quando o procurei para iniciar minha análise, eu sabia muito pouco a seu respeito. Minha antiga analista havia me indicado o nome dele e o de Miguel Calmon Du Pin e Almeida, um outro analista da mesma Sociedade, homônimo do marquês de Abrantes. Por que resolvi consultar um e não outro? Teria sido porque minha ex-analista mencionou que Fernando havia estudado em Paris, assim como eu? Se eu tivesse procurado Miguel em vez de Fernando, que analista, ou melhor, que pessoa eu seria hoje? O quão diferente seria minha vida atual? São questões impossíveis, porque não há respostas para elas. O fato é que antes mesmo de consultar Fernando pela primeira vez, li um ou dois artigos que ele havia escrito sobre as entrevistas preliminares em análise, um tema a que ele se dedicou. O artigo que encontrei no Google era de leitura fácil, apesar do indelével traço lacaniano, influência certamente da sua formação psicanalítica realizada em Paris, dominada pela onipresença do ensino de Lacan. Depois dessa primeira leitura, feita às pressas nos intervalos entre as sessões de um paciente e outro, comprei o livrinho dele sobre as entrevistas preliminares e pude, à medida que minha análise se desenrolava, compreender um pouco sobre como trabalhava um psicanalista.

Todavia, além de me interessar pela maneira como um analista trabalhava, penso que o que me motivava também era a vontade de conhecer melhor quem era aquela figura que eu passara a ver todas as semanas, com frequência e regularidade, a quem confiava certas coisas que nem eu mesmo sabia ter guardadas dentro de mim. Assim, desde que passei a frequentar o número 624 da Avenida

Rui Barbosa, algumas imagens, cenas da vida privada, sons indistintos, pessoas com quem eu cruzava na sala de espera, trechos de conversas, enfim, uma série de indícios que minha mente ia involuntariamente recolhendo ao longo dos anos no divã passavam a formar uma série de retratos de meu analista, cuja imagem era sempre borrada e distorcida como num tríptico de Francis Bacon.

Assim como Fernando, meu pai também apreciava a pintura e foi por intermédio dele que, durante minha adolescência de poucos amigos, conheci os pintores e os movimentos artísticos com os quais mais me identifiquei, como os pintores figurativos e o Expressionismo, por exemplo. Acho que procurei meu pai, mais uma vez ausente a partir da separação, nos livros e vinis que ele deixara para trás. Quando saiu de casa do dia para a noite, deixando minha mãe, minha irmã menor e eu para viver um novo amor, os livros e discos de música clássica que haviam ficado me davam a ilusão de que um dia meu pai voltaria para buscá-los. E se, afinal de contas, ele nunca voltou para casa, os objetos deixados me faziam sentir a presença dele de alguma forma, pois a separação era nada menos que a repetição dolorosa da sua ausência durante minha infância.

O papa Inocêncio X de Francis Bacon, com sua aparência fantasmagórica e irreal, é uma metáfora da figura paterna que podia servir para representar alguns aspectos da relação que mantive com Fernando. A imagem que tanto obcecou Bacon, a ponto de ele ter feito um sem-número de representações *a partir* da pintura originalmente concebida por Velázquez, testemunhava não apenas o deslizamento de sentidos entre os significantes *papa* e *papai* como também a captura do olhar do espectador para o eclesiástico trajado em escarlate. Se nos quedássemos em frente ao retrato, não só podíamos assistir à narrativa se desenhando diante de nossos olhos como assumíamos na cena, identificados ao pintor, o mesmo lugar da criança excitada que um dia ele foi diante do pai espectral. A grande invenção de Bacon ao retratar uma figura do barroco espanhol foi a de nos remeter, enquanto espectadores, ao mesmo lugar que ele ocupava na cena diante do pai mítico, do pai da horda. A criança que fantasmava ser devorada pelo pai canibal se torna, quando adulto, um artista obcecado pelo corpo, pela carne e pelo sangue, desfigurando seus modelos para melhor lhes capturar a essência, quando não para fixar nas telas seu próprio masoquismo imanente. A partir de um negativo da infância, uma série de retratos, de autorretratos são revelados vida afora.

[Retrato de Inocêncio X, Diego Velázquez, 1650]

Se comparo meu pai ou Fernando Rocha a esse papa que foi objeto de estudo de Bacon é porque, assim como o personagem muitas vezes retratado, a figura deles, por uma razão ou por outra, se desvanecia diante do meu olhar. A imagem do primeiro era a de alguém fugidio e quase irreal, pois, nos meus primeiros anos, o convívio com meu pai fora muito escasso, se resumindo a encontros fugazes na hora do almoço ou a vestígios da sua passagem na manhã seguinte, quando, após ter escapado do plantão noturno no SANDU, vinha jantar com minha mãe e passavam algumas horas juntos. Após a separação dos meus pais ocorrida anos mais tarde, a presença dele foi se atenuando ainda mais para mim, tanto em razão de nossos encontros cada vez mais raros quanto por uma qualidade constitutiva da sua pessoa, que consistia em estar fisicamente presente, mas ausente do ponto de vista psíquico.

[Retrato de Roberto Bueno de Paula Mussi, 1960]

A imagem de Fernando não se deixava fixar, não só em razão do lugar que ele ocupava na transferência, mas também porque a regra de abstinência e neutralidade exigidas pela função serviam perfeitamente ao desaparecimento da pessoa do analista. Na verdade, enquanto apagava a figura do analista – neutro quanto aos valores religiosos, morais e sociais, neutro em relação às manifestações transferenciais –, esses recursos tinham como finalidade criar as condições ideais para revelar, por meio da interpretação, aquilo que estava escondido no analisando, ou melhor, aquilo que ele não sabia que sabia. Ao assumir uma atitude de reserva, de neutralidade benevolente, termo sem dúvida tomado emprestado da linguagem diplomática e se tornado habitual para definir a atitude do analista, Fernando cumpria melhor seu papel.

Contudo, durante os primeiros anos do tratamento, atitude que foi mudando gradualmente à medida que a análise avançava, a pessoa do analista me interessava por razões que eu não sabia bem definir, mas que podia bem me arriscar a saber. Na base desse interesse, havia certamente um misto de identificação, alienação – pois a primeira pressupõe a segunda – e transferência. É inevitável a identificação de um jovem analista com um analista mais experiente durante a formação, assim como sucede às crianças em relação aos pais. Porém, contido nesse mesmo processo de assimilar um aspecto, uma propriedade ou um atributo do outro e se transformar, estava a alienação, resultado da captura do Eu do analista em formação pela psique do analista didata. Se nos primeiros anos de minha formação me esforcei não propriamente para parecer com Fernando, mas para atuar como ele, talvez por julgar que ele era um modelo a ser seguido, hoje procuro ser eu mesmo com cada um de meus analisandos, lembrando que só podemos ser analistas com aquilo que somos.

Embora eu tentasse inferir algo de seu caráter a partir de certas características e opiniões que fui recolhendo ao longo dos anos, num certo momento da análise percebi que o desaparecimento do analista era determinante para que a minha verdade pudesse enfim aparecer. Entretanto, enquanto esse momento não chegava, eu ia me fazendo uma representação da pessoa que Fernando era, ou melhor, que eu supunha ser. Desde uma escultura de madeira em forma de leão (uma alegoria da esfinge que desafiou Édipo?) que ficava de guarda ao lado da entrada do seu apartamento, passando por um panamá pendurado no espelho da antessala junto a uma bengala com castão de prata até o ar meio intelectual meio de esquerda, enfim, todas essas coisas contribuíam de um jeito ou de outro para formar uma imagem mental do homem por trás do analista. Assim como esses pequenos signos de sua existência, outros como os discos gravados (*Um brasileiro à Paris* ou *Cartola por Fernando Rocha*), o gosto por pintura e artes plásticas e os filhos (um ator e outro músico) lançavam uma luz indireta sobre quem, afinal, era o homem comum que se esquivava no analista. Hoje sei que foi graças a esse apagamento de sua personalidade que eu pude finalmente me descobrir.

Na volta das minhas férias em fevereiro, cheguei ao consultório de Fernando um pouco mais cedo que o habitual, antes do horário da minha sessão. A tarde estava abafada, apesar da chuva que caíra enquanto eu estava a caminho do consultório. A secretária me recebeu e esperou que eu entrasse para logo em seguida desaparecer por trás da porta que dava para o interior do apartamento. Peguei um livro na minha mochila e comecei a ler. Naquela época, eu estava às voltas com um ensaio do psicanalista e professor de literatura Pierre Bayard, autor de *Como falar dos livros que não lemos?* Nesse livro que eu tinha nas mãos, ele retomava a investigação sobre o assassinato do pai de Hamlet, morto aparentemente a partir do complô entre sua mulher Gertrudes e o irmão Cláudio, reconstituindo o que teria se passado há cinco séculos em Elsenor.

Quando eu entrava na quarta e última parte do livro, de repente, a porta que dava para a antessala se abriu. Esperava que algum paciente fosse sair lá de dentro, mas quem estava ao pé da porta era Fernando. Se eu quisesse, ele disse, podíamos começar naquela hora, pois já estava livre. Coloquei de volta *Enquête sur Hamlet* na mochila, o cumprimentei e logo estava deitado no divã. Estranhei o novo manto que cobria o divã, não era mais o tecido azul e dourado com flores-de-lis que eu conhecia, mas um outro, mais grosseiro. Apesar de me remeter à França, porque a flor-de-lis é uma figura heráldica associada à monarquia francesa, o antigo manto na verdade tinha vindo de Istambul, como vim a descobrir mais tarde.

"Então... como foram as férias?", Fernando perguntou, após eu ficar em silêncio durante alguns minutos.

"Foi tudo bem", eu respondi, omitindo que precisara de férias da análise ou, quem sabe, do meu próprio analista. "Fui a um resort em Angra dos Reis com minha família. Minha mulher e meus filhos gostaram muito, mas no final das férias eu já não estava curtindo tanto assim, acho que me sentia culpado por alguma razão".

"E você imagina a razão de se sentir culpado?", ele indagou.

"Não imagino, não sei bem o porquê", falei, voltando a ficar em silêncio. "Quando eu era criança, depois que meu pai veio morar com a gente, lembro que costumávamos passar as férias de julho em São Lourenço, no sul de Minas. Ficávamos hospedados por uma quinzena no Hotel Primus, que ficava no alto de uma colina, e todas as manhãs descíamos para visitar o Parque das Águas. Depois que passamos a morar com ele, nossa situação melhorou muito, o que permitia a hospedagem num hotel luxuoso como aquele. Enquanto minha mãe, minha irmã e eu ficávamos no hotel dormindo, meu pai saía pela manhã bem cedo, a pretexto de correr no parque, e desaparecia", eu disse, voltando a ficar em silêncio.

"Sim, e o que mais?", Fernando perguntou.

"Enquanto meu pai parecia aproveitar bastante as férias dele, eu não conseguia aproveitar as minhas", falei. "Acho que em Angra dos Reis eu senti algo parecido ao momento em que meu pai nos deixava no hotel para se divertir sozinho, por isso não pude curtir tanto o passeio com minha família".

"Sei, sei".

"Acho que isso tem a ver também com não sentir que era um filho legítimo, como eu pensava a respeito dos meus irmãos, filhos do primeiro casamento de meu pai", eu disse. "Contudo, quando era pequeno, não me lembro de ter sentido uma distinção no tratamento que meu pai dava a mim. Quando minha mãe ficou grávida, enquanto ainda estava casado com a primeira mulher, ele alugou um apartamento para ela morar em Niterói. Era uma maneira de proteger minha mãe, e também a si mesmo, de um escândalo, caso isso viesse a ser descoberto: a mulher e a amante grávidas ao mesmo tempo".

"Quer dizer, desde a sua gestação, você foi mantido fora do alcance dos olhares, do conhecimento dos outros", Fernando disse.

"Sim, mas não por muito tempo, porque com poucos dias de vida minha mãe me trouxe de volta para Macaé na companhia de meu pai e de meu tio Marco Aurélio. Imagino que os rumores sobre a ligação dos dois devam ter prosperado com o passar do tempo, enquanto minha mãe e eu íamos vivendo à sombra dele".

"É como se seu pai tivesse escondido você nesses primeiros anos de vida, não?", ele perguntou.

"Você tem razão, mas, por outro lado, minha mãe dizia que ele queria muito ter um filho com ela. Entretanto, após meu nascimento, era como se ele quisesse que eu desaparecesse de alguma forma. Além disso, demorou a me reconhecer como filho", falei. "Quando finalmente o fez, o processo de reconhecimento de paternidade foi feito num cartório de um distrito de Macaé, não na cidade onde morávamos. Hoje me pergunto a razão disso tudo".

"E quais teriam sido os efeitos disso sobre você?"

"Antes de fazer a análise, eu não podia me mostrar, não podia aparecer. Acho que isso se estendeu pela vida afora. Isso explica em parte minha timidez, uma certa inibição que eu tinha, um certo distanciamento das pessoas".

"E agora você está podendo finalmente aparecer", Fernando disse.

"Me lembrei agora de uma cena que diz muito sobre mim. Até os meus seis, sete anos, antes do nascimento de minha irmã caçula, minha ideia de família era apenas a família de minha mãe. Eu não tinha contato algum com meus avós, tios e primos por parte de pai. Depois que papai e mamãe passaram a viver juntos, comecei a frequentar a família dele. Porém, sempre foi como se os meus avós, tios e primos de verdade fossem os do lado de minha mãe, enquanto os do lado do meu pai fossem postiços. De repente, eu ganhara uma nova família, mas era como se fosse uma pele enxertada em mim, pois a sentia como uma espécie de corpo estranho", eu disse.

Fernando escutava calado. O silêncio era cortado apenas pelo barulho do ar-condicionado, que agitava a cortina defronte à janela, e do trânsito lá fora.

"Eu devia ter uns sete anos quando fui apresentado a um primo pouco mais velho do que eu, filho do meio do irmão mais novo de meu pai. Estávamos meu pai e eu de um lado, meu tio Dico e Rodrigo do outro. Trocamos uma palavra ou outra nesse primeiro encontro, depois o perdi de vista. Não fazia muito tempo desde que tínhamos sido apresentados, eu nadava no Tênis Clube num final de semana. Dava algumas braçadas na piscina rasa e um garoto vinha atrás de mim. Eu me afastava na direção da outra borda e o menino vinha nadar para perto de mim. Dava um mergulho e quase batia a cabeça na dele. Logo depois, ele me abordou, perguntando se eu não me lembrava dele. Era o tal primo, que eu não reconhecera até então. Agora, por que o apaguei assim da minha mente?".

"Chama atenção você não ter lembrança alguma dele", Fernando falou, rompendo o silêncio.

"Será que eu o apaguei da minha lembrança como um dia fui apagado?", perguntei.

"No lugar de ser objeto do apagamento, era você, então, que se tornava agente dele. Agora não mais", ele disse, encerrando a sessão.

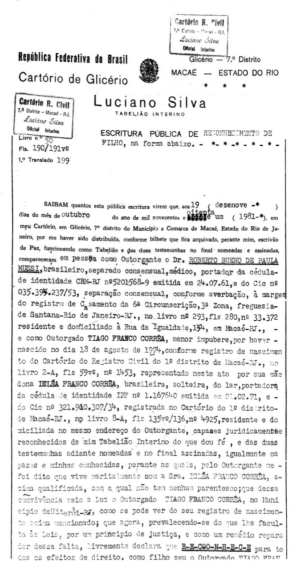

[Escritura pública de reconhecimento de paternidade]

No lugar de objeto, um sujeito. Em suma, foi isso que minha análise me proporcionou. Pode parecer pouca coisa, mas isso para mim é tudo. Ter passado da condição de objeto à de sujeito da minha vida já bastaria para considerar o retorno do investimento que fiz na análise como mais do que o bastante, porém a análise me deu algo que eu não esperava receber. Não esperava receber porque sequer cogitava a existência de algo assim. Aquilo que não concebemos não existe para nós.

Para explicar todas essas coisas que me sucederam desde que comecei a formação, preciso fazer esta história recuar no tempo até minha mãe, ou seja, terei que escrever sobre ela. Sobre o grande amor que por ela senti na infância, para na adolescência me desencantar e, mais tarde, transformá-lo no desejo de analisar, cujo objeto eram meus pacientes. Segundo Lacan, "o amor é dar o que não se tem a alguém que não o quer". Minha mãe não conhecia psicanálise, mas sabia do amor. Sabia do meu pai, como depois soube de mim. Eu sabia dos meus pacientes.

Sabia mesmo?

Quando passei a atender no Rio, comecei a tratar de uma bela e atraente balzaquiana, que desenvolveu uma maciça transferência amorosa e erótica na análise. Me lembro de ter pensado na época: "Um dia precisarei atar as duas pontas dessa história, ou seja, o amor de que fui objeto quando criança e o amor de transferência de que sou objeto agora". Essa paciente a que me refiro aqui é a Senhora M.Q. do início desta história.

Minha escrita precisava ser o testemunho do que tinha vivido lá atrás junto à minha mãe e, ao mesmo tempo, o relato de uma experiência vivida no calor do momento, junto ao divã. Havia uma distância entre essas duas situações que a escrita devia preencher. A escrita daria nome ao que até então não fazia sentido, mas naquela época eu ainda não estava preparado para escrever o que eu estava vivendo na transferência. Era preciso suportá-la primeiro para depois poder contá-la. Eu dei um salto no vazio, mas tinha a análise e a supervisão para me agarrar.

Após ter escrito dois longos trabalhos sobre essa paciente, que se tornou meu primeiro caso oficial, pensei: "Não bastam os relatórios. Para eu poder assimilar essa experiência, para eu poder sonhá-la acordado (*rêverie*), com ela e para ela, no sentido que o psicanalista Thomas Ogden pretendeu dar ao sonhar e às suas formas, "dream thinking" e "transformative thinking", vou precisar escrever uma narrativa que ultrapasse o relato clínico, que se distancie de uma pretensa frieza e objetividade, que assuma seu lugar de fato ao lado da ficção. Afinal, escrever é também uma maneira de sonhar". Assim que terminei de redigir o segundo relatório me pus a escrever essa história que precisava ser sonhada. Esperei ainda alguns anos antes de publicá-la. Mais adiante, pretendo esclarecer as razões que me levaram a isso, porque é preciso contar primeiro outra história.

A história que preciso sonhar agora começa com minha mãe e termina com minha paciente.

Minha mãe fora paciente de meu pai, que era ginecologista, no final da década de 1960. Naquele dia, ela o encontrou no ambulatório público, que atendia os ferroviários e seus familiares, para uma consulta de rotina. Ele pegou a ficha de atendimento sobre a mesa e chamou pelo nome dela. Viu uma mulher de cabelos castanhos e olhos verdes adentrar o consultório e sentar-se à sua frente. Foi amor à primeira vista. Desde essa primeira consulta, ela passou a vê-lo com frequência até que, na terça-feira de Carnaval de 1970, marcaram de se encontrar fora do consultório pela primeira vez. Roberto era casado e tinha três filhos, ela, solteira sem filhos. Ao longo dos anos seguintes, o médico e a professora levaram uma espécie de vida dupla, vendo-se em praias desertas na Região dos Lagos, escapadas nos finais de semana, encontros furtivos tarde da noite, tudo com a cumplicidade da família dela, de um irmão dele e de alguns poucos amigos. Apaixonados, decidiram ter um filho no final de 1973. Ele pensou que já não teria mais filhos no casamento – a última criança, um menino, havia nascido em 1967 –, mas eis que, na mesma época em que minha mãe engravidou, sua mulher ficara grávida "por acaso". As duas gestações tiveram um intervalo de menos de um mês, precisamente três semanas separavam uma da outra.

No ano seguinte, em agosto de 1974, minha mãe deu à luz. Com poucos dias de vida, meu pai foi nos buscar em Niterói no seu Opala azul royal, acompanhado do meu tio materno. Meu pai havia alugado um apartamento no Centro para que nos instalássemos quando da volta para Macaé, mas continuava vivendo com a mulher e os filhos. Pediu para que ela parasse de trabalhar para cuidar apenas dele e de mim, ao que ela aquiesceu. Apesar de manter a vida de casado e de pai de família, ele nos visitava com regularidade. Ela já não precisava esconder a barriga e passeava comigo alegremente, me levando para tomar sol todas as manhãs na praia da Imbetiba. Às vezes, quando conseguia escapar de suas obrigações, meu pai nos levava à praia dos Cavaleiros, ainda deserta na década de 1970, para tomar banho de mar.

Se não cresci sendo adorado por minha mãe como o Rei Sol o era por sua corte – talvez venha daí minha atração pelo manto azul royal que recobria o divã do meu analista –, foi algo bem próximo a isso que experimentei ao longo da minha infância. O amor maternal descrito por Romain Gary em *Promessa ao amanhecer* não chegava aos pés do amor que minha mãe sentia por mim. Para ela, eu era um bebê e, mais tarde, uma criança adorável, linda e sábia. Vê-la em ação era nada mais nada menos que testemunhar o conceito freudiano de "Sua Majestade, o bebê" aplicado na prática. Minha mãe atribuía a mim todas as perfeições. Ao esquecer meus defeitos e falhas, ela superestimava meus êxitos. Eu restaurava seu narcisismo não de todo perdido.

Se por um lado esse amor de que fui objeto desde a mais tenra infância me deu uma autoestima e uma autoconfiança que nunca me abandonariam, por outro lado, penso que ele pode ter tornado o manejo do meu primeiro caso oficial mais difícil, justamente porque minha contratransferência dava notícias não apenas desse amor atualizado na transferência, mas do amor a que fui submetido quando criança. Sim, submetido, assim como M.Q. também se queixava de ser submissa em seus relacionamentos. Porém, na análise ela invertia o jogo, exigindo de mim o que não recebera quando criança.

Por falar em infância, me lembrei de certa manhã, quando eu ainda estava no primário, que ilustra bem o que eu vinha dizendo antes. Eu estava prestes a ir para a escola. Arrumava a minha mochila, checando o material para ver se não faltava nada, pois tinha prova naquele dia. Ao ver minha aflição, minha mãe me perguntou por que eu estava tão afobado. Respondi que não queria me atrasar por causa da avaliação. Ela disse sem pestanejar: "Você nem precisa ir à escola, pois já sabe tudo!". Olhei para ela de soslaio, coloquei o estojo na mochila e saí de fininho para não me atrasar. Mas essa experiência deixou marcas. "Para se ter talento é necessário estarmos convencidos de que o temos", disse Flaubert, o autor de *Madame Bovary*, com sabedoria. Não deve ter sido fortuito essa frase ter ficado afixada em minha escrivaninha durante os anos em que pretendi ser um escritor de ficção. Minha mãe era a causa do meu convencimento. E também da minha submissão, eu pensava. Mas não é justo responsabilizá-la por isso. Afinal, eu mesmo tentava corresponder a esse ideal que ela inconscientemente projetava sobre mim.

E o que minha paciente, por sua vez, projetava sobre mim? Era o que eu estava em busca de descobrir, fosse ao falar dela na análise, fosse ao tratar dela na supervisão.

Em março do ano de 20..., minha análise se desenrolava na frequência de três vezes por semana. Após o recesso de dezembro e um período curto de férias em janeiro, cheguei ao consultório do meu analista numa tarde abafada e úmida. Tirei *Origem*, de Thomas Bernhard, da mochila e me pus a ler enquanto esperava Fernando me chamar. Eu estava lendo o final da primeira parte – "Uma criança" – quando a porta se abriu. Me deitei no divã e fiquei pensando no que falar.

"Sim?", Fernando perguntou após alguns instantes em silêncio, deixando escapar um leve risada.

"Ah, *sim*, você gostou da história do seminário, né?", eu perguntei. Na sessão passada, eu havia contado sobre um seminário clínico em que eu apresentara uma sessão e o analista que coordenava a atividade passou quarenta e cinco minutos – praticamente o tempo de uma sessão – analisando por que razões eu tinha dito sim em vez de aguardar o paciente falar primeiro.

"Vamos perguntar ao Bion", ele disse, querendo fazer graça. O psicanalista de quem falávamos era um estudioso de Bion.

"Sim, eu digo sim, como Molly Bloom no monólogo final de *Ulysses*".

"Você sabia que o Bion foi analista do Samuel Beckett?", Fernando perguntou.

"*Sim*", eu respondi. "Me desculpe, mas foi mais forte que eu, sabia, sim. Li essa história num livro do Didier Anzieu."

Fernando ficou em silêncio, naturalmente esperando Molly começar a falar pela minha boca.

"Sabe aquela minha paciente?", eu perguntei, sem precisar dizer de quem eu estava falando. "Tive um sonho com ela na noite passada. Sem contar os devaneios que estão cada vez mais frequentes. Me pego sonhando acordado com ela, fantasiando que brigamos para, em seguida, nos amarmos loucamente. Nas minhas fantasias, ela me pede para possuí-la como o pai do Homem dos Lobos fazia com a mãe dele, por meio do coito *a tergo*. Parecemos um casal de atores de Hollywood de quem agora esqueci os nomes", falei, fazendo uma pausa. "Me lembrei daquele sonho que te contei faz algum tempo, sobre a boneca inflável, lembra?".

"Sim, claro", Fernando respondeu.

"Mas não quero falar sobre ele de novo, não agora. A questão é que pensar nela o tempo todo, como tem acontecido, não tem me feito bem. Por um lado, devo admitir, esses devaneios e fantasias a respeito dela me dão prazer. Não posso negar, seria faltar com a verdade. Mas, por outro lado, eu tenho pensado tanto nisso, isso tem me atormentado de tal forma que mais parece uma obsessão. E eu não queria me sentir tão vulnerável frente a ela. Ela tem tentado me seduzir, mas eu queria me manter no meu lugar de analista, sem hesitar tanto".

"Você imagina que lugar tem ocupado na transferência?", Fernando perguntou, depois de algum tempo em silêncio.

"No início, achei que eu ficasse no lugar da mãe dela, que eu representava o objeto materno que ela não teve. Foi difícil perceber isso porque eu sou um analista do sexo masculino, ao passo que, na cena, eu ocupava um papel feminino. Mais tarde na transferência, especialmente ao longo deste último ano que passou, penso que passei a representar o papel do pai. Você mesmo chamou minha atenção para isso. O problema é que quando chamo a atenção dela, isso parece não ter efeito algum. É como água escorrendo em pena de pato, para usar uma imagem que você usou certa vez. Não molha."

"Não será que isso acontece porque ela deve sentir, ou perceber, de alguma forma, o efeito que exerce sobre você?", ele questionou. "Se você estivesse mais seguro na sua posição de analista, a água que ela joga não iria molhar tanto você, para ficarmos nessa mesma imagem. Ia ficar sequinho", ele falou, mal disfarçando o riso.

"Sim, acredito que sim", falei já me sentindo um pouco culpado por ter fantasias em relação à minha paciente.

"Afinal, e o sonho que você ia contar? Esqueceu, foi?", Fernando disse, acentuando intencionalmente o sotaque pernambucano, após eu ter ficado alguns instantes em silêncio.

"Ah, o sonho", repeti a fim de ganhar tempo, sem saber por onde começar. "Bem, sonhei que estávamos à mesa. Éramos convidados num jantar de confraternização. Na minha frente, do outro lado da mesa, um psicanalista parecido com o escritor James Joyce bebia um uísque atrás do outro. Quando o garçom vai lhe servir mais uma dose, ele apalpa o bolso à procura de algum trocado, mas, não encontrando nada, pede ao colega do lado que lhe pague mais uma rodada. Esse colega, que tinha a mesma cara do Proust, só que loiro, olha para o outro lado, entediado e fingindo não entender que o colega lhe pedia um dinheiro emprestado. Assim que o garçom se retira, o psicanalista com a cara do Joyce, num momento de lucidez, diz algo assim: 'Vocês sabem, eu já fui um personagem de Lacan, mas agora prefiro atuar na boca de cena, e não me contentar mais com papéis secundários'. Dito isso, entorna o resto do copo e limpa a boca com a manga do paletó. O proustiano ao lado, despertando subitamente do tédio em que havia se recolhido, espreguiça como um angorá gordo e castrado. Cofia o bigode e tomba a cabeça para o lado, antes de comentar: 'Me deu tanto trabalho escrever *La Recherche* que a asma me atacou de novo. Quase morri', e fez um gesto afetado com a mão lânguida. 'De prazer?', Joyce perguntou, deixando escapar um soluço homérico, que recendia a coisas velhas e emboloradas. O outro faz um muxoxo e quase retorna ao torpor anterior. De repente, ambos se voltam para mim e perguntam sem que tivessem aberto a boca: 'E você, meu caro, o que deseja?'. Desconcertado, falo: 'Eu? O que quero?'. Noto que esperam algo de mim, pois posso ver as expectativas dos dois escorrendo pelo canto de suas bocas. 'Eu?', repito, 'Eu quero ser Michel Houellebecq!', respondo sem hesitar. 'Ulalá, como você é recalcado!', Proust exclama, pitando um cigarro eletrônico. 'Aquela bicha não serve para mais nada. Está morta e esqueceram de enterrar, não é mesmo, Joycezinho?', diz, soltando uma baforada na cara do amigo. 'Hã? Sim, morta e enterrada. Mortinha e enterrada', responde, piscando o olho cego por trás da armação de tartaruga de grossas lentes esverdeadas. Mais do que Homero, ele parecia um Camões redivivo com aquele olho cinza estropiado. Nesse instante, o garçom volta da cozinha apressado, trazendo uma bandeja coberta por um domo prateado, que coloca diante de mim. Outros dois garçons esbaforidos vêm logo em seguida e também postam bandejas cobertas diante dos dois. Num gesto sincronizado, os três levantam as cúpulas prateadas ao mesmo tempo, onde vemos nossos reflexos distorcidos como nos espelhos, e apresentam nosso luxurioso repasto. Joyce e Proust pegam os talheres e me esperam fazer o mesmo. 'Sirva-se', o afrancesado diz para mim. 'O que é isso?', pergunto, olhando para os pedaços suculentos em meu prato, sorvendo o aroma que se desprende da peça de carne que lembra vagamente um lombo. 'Ora, não está reconhecendo o que é?', ele indaga. 'Não', respondo. 'Bem, então vamos provar?', ele convida. Corto um pedaço da carne macia, que parece gritar quando passo a faca nela: 'Não me coma!'. No entanto, Proust assente com a cabeça, me incitando a prosseguir. Levo um naco à boca e aprecio o gosto doce e marcante, que persiste no meu paladar. 'Que tal?', ele pergunta. 'Muito bom', eu digo, me servindo de outro pedaço. 'Só que ainda não sei que carne é essa. É carne de caça?', pergunto. 'Sim, de certa forma', ele responde, dando risadas espalhafatosas. 'Não se envergonhe, vamos, prove mais um pouco', convida. Engulo mais um pedaço, que desliza macio pelo fundo da minha garganta, e então um eco vem lá de dentro: 'Não me coma'. Surpreso e curioso ao mesmo tempo, olho ambos à minha frente. 'O que é isso? Vamos, digam logo', suplico. 'Contamos logo a ele ou ainda fazemos mistério?', pergunta Proust. Emborcado e com a baba escorrendo no paletó de veludo escarlate, o irlandês faz um gesto de consentimento. 'Você não queria ser Houellebecq? Então, aí está sua paciente favorita', ele diz, cutucado Joyce e apontando para o meu prato. 'Ela não é realmente deliciosa?', pergunta com um riso mau no rosto. 'O meu prato é um guisado à Balzac. E adivinha o dele? É Shakespeare. É muito convencional o tolinho, não é mesmo?', diz, rindo de maneira frívola. 'Bem, Ibsen talvez fosse mais palatável', diz Joyce. 'Fazer o quê? Agora a Inês é morta', e pisca o olho cego, como se flertasse comigo. Então, eu acordo apavorado."

"Acabou aí o sonho?", Fernando perguntou.

"Sim, aí mesmo", respondi. "Acho que não quero interpretá-lo."

"Não? Por quê?", ele perguntou.

"Acho que não precisa", eu disse. "Por hoje, é só", falei, encerrando a sessão. Me levantei, peguei minha mochila com meu Thomas Bernhard dentro, paguei em dinheiro e me despedi.

Na semana seguinte, por conta de um evento inesperado, tudo mudou para sempre. Tive que adiar uma terceira viagem à França que faria em abril daquele ano. Sem saber disso naquele momento, era a última vez em que via meu analista em carne e osso.

Decorridos alguns anos desde que meus planos de empreender outra viagem ao estrangeiro foram frustrados, me dou conta de que a viagem em si tem algo de simbólico quando a associo à minha formação psicanalítica, especialmente à minha análise. Certa vez, eu disse que o trabalho para se tornar analista tinha algo mítico, digno da jornada do herói, como estabelecido pelo crítico norte-americano Joseph Campbell, em que aquele parte em uma aventura, é bem-sucedido numa crise decisiva e retorna à casa transformado. Um amigo escritor, que conhece tanto de psicanálise quanto de literatura, me disse que se eu pensava em Campbell, ele pensava em Homero e sua Odisseia. Eram perspectivas diferentes, mas que de certa maneira se intrincavam.

É difícil dar um panorama do efeito que a análise teve em minha vida, no quanto ela me permitiu compreender a mim mesmo, no quanto ela pôde mudar minhas relações comigo e com os outros, em suma, no quanto ela me transformou numa pessoa melhor. Não quero dizer com isso que o processo está terminado – ele é ainda um *work in progress* –, mas gostaria de compartilhar com minha leitora o alcance que a psicanálise teve, uma ou duas coisas apenas, para não me estender demais, na minha jornada.

A primeira delas é que a psicanálise me transformou num analista melhor para meus pacientes, mais sensível ao sofrimento psíquico deles, com mais empatia, acredito eu, na medida em que compartilhamos algo que acontece somente entre nós dois, naquele momento único da sessão, em que me consagro a escutar o inaudito e a restituí-lo transformado para o analisando fazer daquilo então algo seu.

A segunda coisa é que a psicanálise me tornou um pai melhor para meus filhos, ainda que exista muita coisa ainda a ser feita na jornada que pretendo trilhar tanto com um quanto com o outro. Isso já seria mais do que o suficiente, isto é, poder dar aos meus filhos aquilo que não tive. E dar a cada um deles o que precisam receber de mim. Assim sendo, acredito ser um pai para os meus filhos melhor do que meu pai e minha mãe foram para mim. Sei que ambos foram os melhores pais que podiam ser. Por isso, espero ver o dia em que vou olhar para o meu filho brincando com o filho dele, meu neto, e constatar com alegria que ele é um pai melhor do que fui.

Portanto, com essas duas pequenas grandes coisas, tenho a tranquilidade de ter feito e ainda estar fazendo um bom trabalho. Poderia me dar por satisfeito com elas. Mas acho que a psicanálise me deu mais, e ainda pode me dar mais. Contudo, isso é algo que guardo para um outro livro.

4. A supervisão

Quando minha análise com Fernando ia para o quarto ano, fui autorizado a atender meu "primeiro paciente sob supervisão oficial". Eu já havia apresentado o relatório da observação mãe-bebê no ano anterior, tendo sido aprovado por unanimidade. Embora tivesse recebido a autorização no início daquele ano, lembro que demorei até outubro ou novembro para me decidir sobre que supervisor procurar. Afinal, entrei em contato com Teresa Rocha, que havia sido uma das coordenadoras do primeiro grupo de avaliação e acompanhamento continuado de que participei, assim que entrei na SBPRJ. Os GAACs, como eram então chamados, eram grupos formados por analistas mais experientes, que tinham a função de avaliar e acompanhar os alunos ou candidatos ao longo da formação psicanalítica. Eu havia tido uma boa impressão da minha futura supervisora desde nosso primeiro encontro, algo na sua personalidade me cativara e ao mesmo tempo me interrogava.

Sem querer influenciar minha escolha sobre meu futuro supervisor, acho que a resposta de Fernando, mais sugerida do que propriamente enunciada à cabeceira do divã, contribuiu para minha decisão em procurar Teresa. Durante a sessão, eu li para ele os três nomes de que gostara numa lista com não mais de trinta analistas credenciados para dar supervisão oficial. Ao dizer os dois primeiros, ele permaneceu calado. Nessa hora, quase tive a impressão de ouvir o silêncio pesado à minha volta. Mas ao pronunciar o nome da Teresa Rocha, que apesar do nome não era parente dele, Fernando deixou escapar um discreto sinal de aprovação. Foi o bastante para que eu me decidisse a procurá-la.

Assim, liguei para Teresa e marcamos um encontro na semana seguinte em seu consultório no Jardim Botânico para conversarmos. Nosso encontro fora marcado para uma quinta-feira à tarde, logo após minha análise. Quando terminou a sessão, peguei um táxi no ponto em frente ao apartamento de Fernando e me dirigi ao Jardim Botânico, achando que ia me atrasar por causa dos engarrafamentos. Acabei chegando cedo e deu tempo de fazer um pequeno lanche numa padaria perto do consultório dela, onde, ao longo dos meses seguintes, eu iria invariavelmente esbarrar com um analista ou outro que atendia nas imediações.

Toquei a campainha e aguardei na sala de espera. Após alguns instantes, vi uma pessoa sair lá de dentro, que, ao passar por mim, abaixou a cabeça. Eu estava habituado a esses encontros furtivos nas salas de espera dos consultórios. Me interessava olhar como cada um saía após a sessão de análise e imaginar suas histórias: o que faziam, com quem viviam, quais eram os dramas que os tinham levado até lá. No segundo ou terceiro ano da minha análise, eu cruzava sempre nas sextas-feiras com uma jovem mulher muito bonita, que era atendida antes de mim. Eu estava sempre com um livro nas mãos enquanto esperava e notei que seus olhos sempre buscavam a capa quando eu fechava o volume para vê-la passar. Era a curiosidade natural das mulheres, que minha leitora certamente não desconhece. Ela saía do consultório de Fernando, parava para beber um pouco da água que ficava numa jarra em bico de jaca sobre o aparador, alisava a saia, trocava um olhar comigo e saía, não sem antes me acenar. Eu a imaginava interpretando um papel num filme, uma mulher entediada no casamento, que durante as tardes traía o marido com desconhecidos que encontrava na rua e pelas manhãs ia ao psicanalista não para se redimir, mas para se conhecer. Esses encontros se repetiram várias vezes até que mudei de horário e perdi *la belle de jour* de vista. Eu tentava me lembrar do rosto dela quando Teresa veio me receber com um sorriso que me desarmou. Atravessamos o corredor pintado num belo azul Yves Klein. Uma luz cálida e suave do fim de tarde banhava a Lagoa pela janela. Ela me indicou o divã para sentar, acomodou-se na poltrona ao meu lado e pegou um caderno espiralado para tomar notas.

"Então," Teresa perguntou, convidativa, "por onde começamos?". Eu mirava seus olhos penetrantes por trás das lentes, que me arrastavam como uma vaga do mar na sua direção. Seu olhar não me fazia lembrar o da cigana oblíqua e dissimulada do romance que todos nós conhecemos, mas havia alguma coisa de pitonisa, da madura e sedutora Conceição da *Missa do galo*.

Me pus a falar de alguns casos que estava atendendo naquele momento e que me suscitavam algumas questões técnicas, das dificuldades que vinha encontrando na clínica, das dúvidas a respeito da formação, enfim, eu falava à medida que as ideias iam surgindo, sem muito plano ou preparação. Após me ouvir falar sobre um jovem paciente de origem tcheca com queixas psicossomáticas, que eu havia recentemente começado a atender no Rio, Teresa me perguntou o que eu achava de começar a supervisão por ele. Nas entrevistas preliminares que fiz com esse paciente, soube que havia perdido a mãe não fazia muito tempo para uma doença grave, que ela havia escondido dele e da família. Ele ainda não havia feito o luto pela perda, como logo vim a descobrir. Anos após a morte da mãe, a gata siamesa à qual ele era muito afeiçoado adoeceu e, após alguns exames, a mesma doença de que a mãe sofrera foi descoberta no animal. Ao me contar essa história aparentemente banal, ele caiu em prantos, cobrindo o rosto com as mãos. Não tendo chorado na morte da mãe, ele desabava assistindo à agonia do animal de estimação. E, ao contar essa história pela primeira vez a alguém, ainda que por meio desse deslocamento, talvez estivesse se preparando para começar o trabalho do luto. Vendo que eu hesitava em tomá-lo em análise – eu temia ter no divã um paciente com funcionamento operatório, achava que ele teria dificuldade em produzir associações livres ou trazer sonhos para a sessão –, Teresa olhou bem fundo nos meus olhos, deixando o caderno sobre a mesinha.

"Todo paciente é interessante, depende da gente saber olhar bem para ele", falou, fazendo uma pausa para ver melhor o efeito que suas palavras tinham sobre mim. "A gente sabe como uma análise começa, mas não como ela termina, meu jovem analista", ela disse num jeito todo seu, discretamente sedutor.

Eu havia gostado da sugestão dela, porém gostei ainda mais das palavras que ela me disse a partir do que me escutou falar sobre ele. E foi assim que tudo começou entre nós dois.

Nas semanas e nos meses seguintes, eu voltava para ver Teresa, não apenas para lhe contar sobre meu jovem paciente, mas especialmente para ouvi-la falar. Ela me falava de psicanálise, mas me falava também de muitas outras coisas, pois entendia que a técnica e a teoria eram ferramentas valiosas para um analista, mas, para cumprir bem seu papel, ele precisava ser aberto, curioso e gostar de gente. Ah, e não menos importante: ter coragem. Me falava sobretudo da vida como ela é: de um livro que estava lendo sobre as clínicas públicas de Freud e que eu não podia deixar de ler, de um filme que estava em cartaz e que ela havia assistido com Sérgio e que a fizera pensar numa série de coisas, de um projeto social que ela desenvolvia havia muitos anos com crianças em situação de vulnerabilidade psicossocial e violência que acabara de ser premiado internacionalmente. Porém, mais do que falar dela, Teresa queria saber de mim. De como eu estava fazendo minha clínica, de como eu estava aprendendo a ser analista.

A cada vez desde esse primeiro encontro, eu voltava ao seu consultório para relatar uma das três sessões que eu tinha com aquele paciente a cada semana. Eu tomava notas e transcrevia as sessões à noite, após tê-lo atendido durante o dia. No início do processo de supervisão, eu chegava para os nossos encontros com aquelas notas tomadas de maneira muito fidedigna, de um modo quase obsessivo, o que me exigia um trabalho árduo. Eu vinha ávido para contar a Teresa o que se passara numa determinada sessão com o paciente, porém, antes de passarmos à análise do material clínico, ela sempre queria saber como eu estava, me falava de alguma questão sobre a qual havia meditado naquela semana, ou de um artigo ou ensaio que estava lendo naquele momento e que gostaria de compartilhar comigo. Depois dessas "preliminares", aí então passávamos propriamente ao material que eu trouxera para supervisionar. No começo de nosso trabalho conjunto, aquilo me intrigava bastante. Por que será que ela estendia aquele tempo inicial, falando de coisas que me pareciam, num primeiro momento, alheias ao trabalho psicanalítico para só então tratarmos da clínica? Na realidade, como eu vim a descobrir mais adiante, no *après-coup* da supervisão, ela estava, ao mesmo tempo em que me supervisionava, contribuindo para formar um psicanalista que não fosse interessado apenas pela teoria ou pela técnica psicanalítica, mas que fosse igualmente sensível às questões culturais e sociais do nosso tempo. Um psicanalista engajado, no sentido talvez que André Green pretendeu dar ao termo.

Teresa e eu começamos a trabalhar juntos em 20... Iniciamos a supervisão do meu paciente no final daquele ano, avançamos no ano seguinte trabalhando com afinco, apesar de ter a impressão de haver algo no que ele dizia que me escapava, algo que eu não conseguia escutar devidamente. Porém, enquanto eu procurava me concentrar no atendimento desse paciente, outra paciente começou a me mobilizar e a requerer mais minha atenção. Sim, ela mesmo, minha leitora curiosa: Madame la marquise. Algumas vezes, sobretudo na segunda metade do ano, precisei falar especialmente dela na supervisão em vez dele, que era meu "paciente oficial", porque as questões que ela trazia para análise e o que aquilo suscitava em mim tinham mais apelo e urgência do que as queixas psicossomáticas sobre as quais ele e eu nos debatíamos ao longo dos meses, sem parecer que saíamos do lugar. Com ela, ao contrário, eu tinha a impressão de estar atuando num filme com uma pegada sadomasoquista à la Paul Thomas Anderson, no qual eu fazia o estilista temperamental interpretado por Daniel Day-Lewis, e ela, a costureira falsamente submissa interpretada pela bela Vicky Krieps.

Me desculpe o anticlímax, querida leitora, mas voltemos a meu paciente hipocondríaco por um breve instante antes de passarmos à supervisão da Marquesa, porque é importante que conheça meu estado de espírito quando a tomei em análise. Apesar de me causar certo cansaço e tédio, devo confessar, o tcheco me inspirava verdadeira empatia, essa palavrinha tão desgastada nos dias atuais. Eu me dedicava ao atendimento dele porque aquela monotonia emocional me comovia de certo modo, me fazia pensar no que havia lhe faltado quando criança, o que não foi possível simbolizar na sua infância para se debater naquele deserto de sentimentos e emoções que atravessávamos penosamente semana após semana, do qual ele me fazia seu companheiro de viagem, seu duplo. Mas me dedicava também por uma exigência da formação psicanalítica. Havia esse pano de fundo que precisava ser considerado na análise desse paciente, que Teresa não perdia de vista. Em setembro daquele ano, lembro que ele estava particularmente angustiado e com dores no corpo por causa de questões relacionadas ao trabalho, as quais tentava obsessivamente resolver, como se tivesse atolado o carro na areia. Eu me sentia muito insuficiente ao atendê-lo, falhando na minha função de analista, sem parecer ter as ferramentas necessárias para ajudá-lo a sair daquele atoleiro em que se enfiara. Um pouco antes de decidir interromper a análise, meu paciente estava francamente regredido, esperando que eu e sua mulher, que desempenhava um papel materno mais do que conjugal, nos ocupássemos dele e o amparássemos como a um bebê. Então, para minha surpresa, ele anunciou umas férias meio fora de hora, disse que retornava dali a um mês, fez o pagamento e saiu. Senti um frio no estômago e pensei que a análise daquele paciente estava por um fio. Um livro que li anos depois, da psicanalista Marion Minerbo, confirmou minha suposição. Citando outro autor, ela dizia que tínhamos consciência da contratransferência quando esta era sentida no corpo do analista, "nas entranhas". Quando o anti-Kafka voltou um mês depois, senti novamente aquela mesma sensação no estômago. Ele chegou faltando quinze minutos para o final da sessão, não quis se deitar no divã e, sem dar muitas explicações, declarou que estava interrompendo a análise. Não posso dizer que eu não estivesse esperando por aquilo, mas aquele desfecho, de certa forma, me atordoou. Senti meu corpo inteiro doer. Decerto não era coincidência eu ter sentido dores naquele momento, justamente a queixa que ele apresentava quando tinha vindo me procurar nove meses antes.

Antes de Teresa e eu decidirmos colocar o caso da Marquesa sob supervisão, eu estava num estado lamentável. A interrupção abrupta e precoce da análise do anti-Kafka me fez duvidar seriamente da minha capacidade de compreensão do inconsciente e, em última instância, do meu trabalho enquanto analista. Ao passo que eu me debatia com ele de um modo quase estéril, a análise com ela dava frutos. Assim, foi transformador ter realizado as entrevistas preliminares com o propósito da retificação subjetiva, a fim de que a paciente se posicionasse em relação à própria demanda, acompanhá-la ao longo de um ano ininterrupto de tratamento sob supervisão oficial e, por último, testemunhar o desenvolvimento da transferência amorosa, desde suas origens até seus avatares. Não só minha paciente parecia se beneficiar bastante da análise, como também vi renascer em mim a função de analista, que eu julgava perdida, o que me deu novo ímpeto para prosseguir o trabalho com ela.

Ao contrário de Freud quando publicou *Análise fragmentária de uma histeria* ("O caso Dora") – em que precisou circunstanciar no prefácio do relato clínico as medidas empregadas para manter sob sigilo o tratamento e os dados que pudessem identificar sua paciente, além de adiar a publicação por quatro anos, até que uma mudança na vida da analisanda tivesse feito cessar seu possível interesse nos eventos e processos psíquicos lá narrados –, não precisarei recorrer a tais cuidados e estratagemas para narrar *O caso M.Q.* porque é de mim, sobretudo, que eu falo. Ao me ler, talvez ela aprenda uma ou duas coisas sobre mim, mas nada aprenderá sobre si mesma que já não conheça. Poderá se perguntar, talvez como Dora um dia o fez, que outra pessoa poderá sonhar que se trata dela.

Por isso, para que a leitora interessada em psicanálise e igualmente em romances não tenha dúvidas, tomo aqui emprestadas as palavras de Flaubert, quando ele precisou se defender das acusações de ofensa à moral e aos bons costumes nos tribunais de Paris por ter publicado *Madame Bovary*, e as faço minhas: "Madame la marquise sou eu".

Na introdução do relatório que escrevi ao final do primeiro ano de supervisão com Teresa, sobre a análise dessa paciente, estavam escritas essas palavras:

> *Nas páginas seguintes, gostaria de apreciar algumas características que considero essenciais na análise desta paciente: primeiro, o aparecimento inesperado da transferência amorosa, logo no início do tratamento. Em segundo lugar, a tenacidade da qualidade erótica que acompanhou todo o processo, aspecto no qual vou me deter particularmente. Por último, uma terceira questão que também necessita especial exame é a da contratransferência.*

Neste ensaio de formação, gênero aparentado ao romance de formação (*Bildungsroman*), tomo a liberdade de me deter apenas na terceira das questões relacionadas acima. Os psicanalistas franceses Laplanche e Pontalis, em seu *Vocabulário da psicanálise*, assim definem o conceito de *contratransferência*: "Conjunto de reações inconscientes do analista em relação à pessoa do analisante e, mais particularmente, à transferência deste". Se, nos primórdios da psicanálise, a descoberta da transferência pode ser considerada o acontecimento maior – transferência que não é exclusiva da relação analítica, sendo comum também a outras relações, mas que a partir daquela pode ser isolada e estudada –, desde os trabalhos de Ferenczi nossa compreensão dos fenômenos e processos psíquicos em muito se ampliou em razão do estudo da contratransferência ou, em outras palavras, da transferência do analista. Eu poderia dar um passo adiante e falar do conceito de campo analítico, introduzido pelo casal Baranger, em que o encontro do analisante com o analista cria uma estrutura com dinâmica psíquica própria. Todavia, foi preciso haver certa distância dos eventos narrados adiante para somente agora refletir sobre o que efetivamente se passou entre mim e M.Q. nos primeiros dois anos de sua análise, que objeto representei na transferência a partir de uma identificação que foi projetada em mim e como me desidentifiquei desta, podendo enfim recuperar meu lugar.

A fim de empreender um trabalho de reconstrução de uma análise pela supervisão, que só pode ser fragmentário e parcial por natureza – como foi o caso *princeps* da psicanálise –, assumimos *a priori* um ponto de vista enquanto narradores e, de modo mais ou menos consciente, pensamos "escolher" o que vai ser narrado (e o que será deixado de fora) de tudo aquilo que se passou entre analisante e analista. Mal comparando, a supervisão tem o mesmo estatuto de um sonho. Sonhamos, mas, ao contar o sonho na manhã seguinte, é outra coisa que narramos, não é o mesmo sonho que fizemos durante a noite. Assim, quando eu contava à Teresa o que havia se passado entre mim e minha analisante durante nossas sessões, o que eu estava afinal contando? E o que estava deixando de falar para ela, sem até mesmo saber que o fazia? Sabemos que um caso clínico é, antes de tudo, uma ficção, mas o que seria então o relato de uma supervisão? Era o que eu estava prestes a descobrir.

Teresa abriu a porta do consultório e me convidou para entrar, me cumprimentado com dois beijos na face. Pus minha mala de viagem e minha mochila ao lado do divã e lhe ofereci um pacotinho de biscoitos amanteigados que havia comprado para ela na padaria, onde os psicanalistas do bairro batiam ponto. Ela pareceu ter gostado da lembrança e me convidou para tomar um café na copa do consultório, que aceitei prontamente, apesar de já ter tomado um carioca quando fui comprar os *financiers*. Enquanto ela passava duas xícaras na máquina de *espresso*, eu tentava descobrir algum título de psicanálise e psiquiatria nas estantes que cobriam de cima a baixo as paredes da copa. Pensei ter visto na fileira de cima O *anti-Édipo*, de Deleuze e Guattari, mas me distraí quando Teresa perguntou se eu queria uma casca de laranja cristalizada para acompanhar o café. Aceitei o doce, depois pegamos nossas xícaras e fomos terminar o café na sua sala. Uma luz diáfana e amarelada penetrava pela janela, refletida pelo paredão de pedra do outro lado da Lagoa, desenhando formas sutis na parede atrás de mim e no teto.

"Meu querido analista em supervisão, por onde vamos começar hoje?", Teresa me perguntou, ajeitando os óculos e pousando o caderno em espiral no colo.

"Eu preciso falar de Madame", eu disse, pegando a transcrição de uma das sessões que tive com ela naquela semana.

"Tudo bem, vamos lá", Teresa falou, pegando uma caneta para tomar notas. Enquanto eu começava a lhe contar sobre meu embaraço diante da analisante, minha supervisora parecia ter se transformando numa grande orelha, que ouvia os mínimos detalhes de uma maneira muito refinada. Teresa tinha uma escuta sutil e tridimensional, como eu logo viria a descobrir. Ela ouvia o discurso manifesto, mas escutava sobretudo o latente. E ao mesmo tempo escutava a mim. Minha igualmente sutil leitora de psicanálise, que no entanto me parece agora um tanto impaciente, quase posso ouvir seus protestos aí do outro lado da página ao ler essa última frase. Certamente você deve estar pensando que todo psicanalista atua dessa forma, que eu acabei de incorrer numa platitude, pois todo analista escuta sem distinção o latente e o manifesto. Só que não. Aí é que você se engana, minha apressada leitora: Teresa tinha três orelhas.

"Ela pensa estar apaixonada por mim", eu disse, contando a ela como certos indícios haviam se manifestado de modo inequívoco na transferência, me fazendo suspeitar do que a paciente ainda não ousara dizer.

"Ela está apaixonada por você", Teresa afirmou, me olhando por cima dos óculos. "E não vai adiantar nada lhe dizer que ela está enganada ou que se equivoca. Seria como denunciar uma falta da qual ela não tem culpa alguma ou, então, fazê-la se sentir ofendida por recusar o que ela tem de mais precioso para lhe dar."

"Mas o que faço com isso?", perguntei de modo um tanto ingênuo, que fez discretamente Teresa sorrir por trás do caderno.

"Você é corajoso, mas teve medo", ela disse, me fazendo lembrar da entrevista que o ainda jovem escritor José Castello teve com a madura e desabrida Clarice Lispector: "Você é muito medrrroso", ela falou, rascando os erres. "E com medo ninguém escreve nada."

"Eu, corajoso?", perguntei. "Por que você diz isso?". Pensava nas tantas vezes em que havia escutado, quando criança, minha mãe dizer que eu era medroso a ponto de quase acreditar, sem enxergar que quem tinha medo era ela, que o projetava em mim.

"Você teve coragem de me contar o que ela fez e de como você reagiu", disse, "enquanto outros sentam aí nesse mesmo lugar em que você está sentado e dão a entender que esse tipo de coisa não se passa com eles também."

"Sim, você tem razão. Tive medo na sessão em que ela se declarou para logo depois sair apressada. Pensei que eu havia feito algo errado mais uma vez, como supus ter feito com aquele outro paciente", falei, me referindo ao que interrompera a análise não fazia muito tempo.

"Ela não ameaçou ir embora por algo que você tenha feito de errado, penso eu, mas, sim, pelo que você deixou de fazer", ela disse, revelando uma expressão enigmática. "Por que você não fez uma interpretação do sonho que ela te contou?", Teresa perguntou.

"Acho que fazer uma interpretação do conteúdo latente do sonho naquele momento, cuja conotação me parecia manifestamente sexual, poderia assustá-la", eu respondi.

"Ora, mas qual conteúdo não é eminentemente sexual, meu caro doutor?", perguntou Teresa, demonstrando certa surpresa. Ela lançou um olhar penetrante em minha direção, depois colocou o caderno de lado sobre a mesinha. "Isso certamente tem a ver com sua contratransferência, penso eu. O que você deve ter sentido para hesitar diante do material que ela lhe trazia?".

"No sonho, ela acordava no meio da noite, como o Homem dos Lobos também havia acordado naquele sonho sonhado por uma legião. Foi tateando até a estante, mas ao chegar perto dela percebeu que estava do tamanho de uma ratinha. Queria alcançar um dos livros que estava na fileira de cima, mas a altura da estante a fazia sentir muito medo. Teve a impressão de que o móvel ia tombar sobre ela, vergado pelo peso dos livros, e deixou um gritinho escapar. Na verdade, depois percebeu, os livros se remexiam nas prateleiras, como se os autores estivessem conversando animadamente.

Aguçou os ouvidos e logo depois ficou decepcionada, porque na realidade eles brigavam uns com os outros. Dostoiévski brigava com Turguêniev, acusando-o de não ser russo, mas francês. E queria jogá-lo daquela altura, condenando-o à morte como um tsar castiga um preso forçado. Enquanto imaginava uma maneira de subir até lá em cima para apanhar um dos russos, gostava de pensar que os autores tinham uma sabedoria que ela nunca alcançaria. De repente, passou por ela um gato amarelado, a que deu o nome de Sergei, e que eu adivinhei se chamar Pankejeff. Em vez de caçá-la, o gato roçava nela e ronronava como um soldadinho de brinquedo que tocava tambor. Ela segurou a cauda hirsuta como as barbas de um cossaco e a colocou entre as pernas macias. Porém, antes que conseguisse montar nele direito, o gato deu um salto para a poltrona ao lado da estante e a levou junto, puxando-a pelos pés. Da poltrona, foi fácil escalar a estante. O autor de *Memórias do subsolo* estava quase executando a sentença contra o afrancesado autor de *Pais e filhos*, que foi comutada em trabalhos forçados na Sibéria após a intervenção de Pankejeff. Madame rapidamente desmontou do gato e se sentou com as pernas bem abertas sobre a lombada de Turguêniev. 'Voe, me leve de volta para o buraco sujo de onde vim', ela gritou para o livro que se transformara primeiro num telegrama, depois num pincenê e, por último, numa nota de duas coroas. E despencaram ambos lá do alto, ela e o aristocrata russo decaído, que a soterrou sob suas páginas amareladas. Quando finalmente saiu de debaixo do livro, um cortejo de ratos a seguia. Ela havia se tornado a Mulher dos Ratos. Então acordou muito assustada", eu relatei.

O olhar de Teresa me convidava a continuar falando, a continuar sonhando junto com ela aquele sonho, aquela sessão.

"Eu é quem acordei assustado", eu disse, "porque não percebi a transferência surgir nitidamente, embora eu a pressentisse vindo, e quando dei por mim a transferência já estava sentada em meu colo."

"E com que será que você se assustou?", Teresa perguntou para me fazer pensar, e não por mera curiosidade.

"Acho que o sonho tem a ver com a cena primária, com as fantasias vivenciadas ou imaginadas pela criança-nela acerca das relações sexuais dos pais", eu falei. "Ao falar dessa cena aqui com você, penso que o sonho dela me remeteu à minha própria cena primária, por isso talvez tenha me assustado bastante. Contudo, não sei se foram as referências aos órgãos sexuais que fizeram eu me alarmar, mas especialmente as citações literárias, que ela sabia ser interesses meus, que me inquietaram. Foi o que me fez não ter dúvidas de que o sonho era endereçado a mim ou, em outras palavras, tinha a mim como objeto."

"Sim, você tem razão, a pulsão dela está tomando você como objeto do desejo, mas não é você mesmo, a sua pessoa, quem ela deseja, mas quem você representa na transferência", Teresa falou e depois ficou em silêncio olhando para mim.

"Não faço ideia quem eu represento na transferência", eu conclui após alguns instantes. "Isso para mim ainda não está claro", falei e fiz uma pausa antes de prosseguir. "Primeiro, o que me chamou atenção no sonho foram as alusões à minha pessoa, pois ela sabia que eu me interessava por literatura. Acho que ela me 'leu' muito rapidamente, por isso me espantei. Naquelas semanas que precederam o sonho, de fato eu estava lendo os russos. Ela deve ter visto na minha mesinha, ao lado do divã, os livros com os nomes desses autores. Segundo, não foram tanto os símbolos fálicos como a estante gigantesca ou a cauda do gato que me espantaram, não", eu disse, negando duplamente. "Bem, talvez a barba de pelos duros e grossos, sim, afinal essa é a minha barba, assim como foi a de seu pai quando ela era pequena."

"Mas isso que você está me contando é psicanálise do século XIX, não foi isso que o assustou, foi?", Teresa foi direto ao ponto.

"Aposto que também não foi essa disputa kleiniana entre os volumes no alto da estante, quem ia jogar quem daquela altura, que impressionou você. Não, tem algo nessa história que ainda não está bastante claro. Você tem alguma ideia do que seja?".

"Eu tive a impressão de que era um sonho premonitório", falei bem sério para minha supervisora, eu que não acreditava em presságios e visões. "Acho que ela sonhou o que vai se passar com nós dois nessa análise." Vi a hora no relógio que estava sobre a mesinha, indicando o final da supervisão, quando o corpo de Teresa pareceu ter se abalado com um arrepio.

Em *Marilyn últimas sessões*, o escritor e psicanalista Michel Schneider narra o amor de transferência malsucedido entre Marilyn Monroe e seu controverso analista, Ralph Greenson, que, com métodos pouco ortodoxos, a atendeu entre janeiro de 1960 e agosto de 1962, ano em que ela se suicidou.

O livro havia caído em minhas mãos meio que por acaso. Eu o vira na casa de minha irmã, empoeirando sobre a mesinha de cabeceira dela, mas ele não chamou minha atenção de imediato. Anos depois, quando eu fazia um seminário chamado "Psicanálise: a arte de conversar", com o psicanalista Admar Horn, que viria a ser meu futuro supervisor, me deparei novamente com Greenson e sua paciente favorita. Dessa vez, Ralph Greenson, aliás Romeo Greenschpoon, e Marilyn Monroe, aliás Norma Jeane Mortenson, eram tema de um livro sobre as ilusões e desilusões da prática psicanalítica, escrito pelo psicanalista André Green.

Todavia, foi apenas num terceiro momento que pude afinal ler do princípio ao fim a história do amor de transferência entre o principal expoente da psicanálise na Costa Oeste dos Estados Unidos e a estrela de Hollywood, cuja infância fora marcada pela loucura da mãe, pelo abandono e pelas sucessivas passagens por orfanatos e lares adotivos. Quando finalmente terminei o livro, que mesclava ficção com eventos reais, já haviam se passado alguns anos desde que eu começara a atender Madame. Não somente alguns anos se passaram como a minha contratransferência já estava mais sob meu domínio. Uma passagem me marcou particularmente, a qual destaquei na época da leitura e na qual ainda recorro de tempos em tempos, como se fosse um lembrete para não me esquecer de algo tão valioso e, ao mesmo tempo, tão ignorado por quem resolve se dedicar a esse ofício estranho e familiar que é a psicanálise. Ao falar sobre os perigos de revelar ao paciente a natureza do laço que o une ao analista, lhe dizendo: "Não sou eu, não é você", Michel Schneider cita uma passagem de Montaigne, que por sua vez é citada por Freud. "Eu o amava porque era eu, porque era ele". Não adiantava denegar.

Após ler o trecho mais uma vez, resolvi consultar minha edição dos *Ensaios*. Não foi difícil encontrar a passagem a que o autor se referia. O trecho que eu procurava estava no Livro I, capítulo XXVIII, que tratava da amizade. Na página 233 da minha edição da Gallimard, comprada de ocasião numa livraria da Place Saint Michel, a passagem célebre de Montaigne, a resposta simples e definitiva de por que gostava imensamente do seu amigo Étienne de La Boétie, caso o perguntassem com insistência, estava destacada ao final do segundo parágrafo: "Porque era ele, porque era eu". Lembro de ter me perguntado, com o som dessas palavras ainda ecoando em meus pensamentos, quem era eu, quem éramos nós.

No entanto, mais do que essas perguntas sem respostas, o pensamento que eu não podia evitar era: será que minha relação com Madame, assim como a de Greenson e Marilyn, teria também um final trágico?

Nas semanas e nos meses seguintes, eu voltava ao consultório de Teresa cada vez com mais material clínico, porém com menos certezas. No início do tratamento, eu procurava transcrever fielmente as sessões de Madame de uma maneira um tanto obsessiva, por pensar que isso poderia me restituir alguma verdade oculta quando eu falasse delas na supervisão. Eu ainda não sabia que o caso clínico era uma peça de ficção, uma narrativa que o analista elaborava a partir da sua escuta do inconsciente do analisante e, tal como numa trama sem emendas, costureiro e modelo iam entrelaçando os fios que compunham aquele delicado material, que depois serviria para dar contorno e ornamentar àquilo que fora até então um corpo sem forma.

O psiquiatra Gaëtan Gatian de Clérambault, mestre de Lacan na enfermaria especial dos alienados da delegacia de polícia de Paris, autor do conceito de *automatismo mental*, havia sido um apaixonado por drapeados e pela arte das mulheres árabes em atar tecidos e fazê-los deslizar ao longo do corpo. Eu me lembrei dele quando me pus a narrar para Teresa uma sessão daquela semana com Madame. Mas a lembrança foi apenas um desvio, porque o que me veio à mente logo em seguida, pouco depois que passei a contar para Teresa como estava me sentindo encurralado por minha analisante, foi o filme que eu assistira naquela semana sobre a paixão sadomasoquista entre um estilista e sua jovem modelo. Minha inconsútil leitora de psicanálise, cuja pele me parece daqui recoberta por fina camada de gaze, previno-a de que a trama a partir daqui contém *spoilers*.

Em *Trama fantasma*, Reynolds Woodcock é um aclamado estilista, cujo rigoroso estilo de vida sofre uma reviravolta quando ele se apaixona por Alma, uma garçonete que mais tarde irá se tornar sua musa e amante. Genial, mas neurótico na mesma medida do seu gênio, Woodcock atormenta Alma com suas obsessões e manias, tentando aprisioná-la numa imagem que não corresponde a ela, mas acaba sendo subjugado pela doce tirana que ela revela ser. Se no início do filme ele tentava dominá-la, ao final ele estará comendo na mão dela. Literalmente. Como se isso tudo não bastasse, a trama vinha embalada numa estética fetichista super-requintada que me remetia aos jogos de *bondage*, disciplina e sadomasoquismo e às minhas leituras psicanalíticas sobre esses temas.

"Eu não sei aonde tudo isso vai dar", disse à Teresa enquanto arrumava as folhas com as transcrições espalhadas sobre o divã do consultório. Minha supervisora me olhava com uma expressão amigável e curiosa. "Ela tem me assediado constantemente nos últimos meses. Fala que eu sou a paixão da vida dela. Já me convidou para sair, para ir à sua casa, para me deitar com ela. Disse que eu a possuiria como nenhum homem jamais sonhou. Desde que viu um livro sobre a estética das perversões na mesinha ao lado da minha poltrona, cuja capa trazia a imagem de uma mulher nua com uma meia de náilon cobrindo o rosto, passei a receber peças de lingerie pelos Correios: calcinhas, cintas-liga, sutiãs, espartilhos etc. Os pacotes que chegam vêm assinados com nomes fictícios ("Justine", "A sofredora", "Vênus das peles"), mas sei que a remetente é ela."

"Como você pode ter certeza de que ela é quem manda essas peças?", Teresa perguntou.

"Depois que eu as recebia, ela me mandava nudes, nas quais aparecia fazendo poses, usando as vestimentas. Nas fotos que me enviava pelo celular, o rosto nunca aparecia, só o corpo era mostrado. Mas não havia dúvidas. Por exemplo, a primeira caixa que eu recebi continha um espartilho. Depois que a encomenda foi entregue, ela me enviou um nude em que vestia a tal peça. Estava agachada sobre um tapete, o tronco curvado para frente, os braços estendidos como se estivesse rezando uma prece. E assim se sucedeu com cada peça do vestuário."

"Será que ela conhece seus trabalhos sobre masoquismo?", Teresa perguntou.

"Não sei, pode ser. Hoje basta dar um Google que tudo está exposto", eu respondi.

"Da mesma maneira que nós fazemos interpretações, os pacientes também nos interpretam com muita fineza, eles logo descobrem nossos interesses, intuem nossos gostos com muita astúcia, sabia?", Teresa falou, aproximando-se do divã.

"Então, acho que poderíamos dizer que ela me manda os nudes, mas sou eu quem está nu", eu disse, pensativo. Minha supervisora sorriu com uma expressão cujo significado não consegui adivinhar. "Você não gostaria de ler uma das sessões que você preparou?", perguntou, olhando para as folhas espalhadas diante de mim.

"Sim, claro. A sessão que eu vou ler se deu na sexta-feira, antes do último final de semana. Ela entrou no consultório cabisbaixa, mal me cumprimentou e se deitou no divã, apertando as mãos com intensidade. Ficou em silêncio alguns minutos, cerrou os olhos, depois começou a falar quase sem interrupção: 'Sabe aquelas cenas em que eu me imaginava provocando você a me bater? Então, não consigo parar de pensar nelas. Isso está me perturbando demais ultimamente. Passo as noites pensando que eu batia na porta do seu consultório, você abria para eu entrar, depois eu fazia alguma má-criação durante nossa sessão. Eu xingava você de veado, de brocha, não sei, porque você não queria me comer. Então você me pegava como se eu fosse uma boneca, me punha no colo, de bruços, levantava minha saia e depois me dava tapas na bunda até elas ficarem em carne viva', ela fez uma pausa antes de prosseguir, tombando a cabeça para o lado oposto ao que eu estava. 'Ai, como eu me sinto depravada por ter esses pensamentos, mas ao mesmo tempo me sinto viva, eles me excitam', ela disse, apertando as coxas uma contra a outra sobre o divã."

"Você leu *Batem numa criança*, do Freud, não leu?", Teresa perguntou, interrompendo minha leitura. Assenti com a cabeça. "Aí, nesse pequeno trecho da sessão, se desenrola uma fantasia em que ela te coloca no lugar do objeto que a maltrata, que a domina e, justamente por isso, a excita loucamente. O que ela está querendo te dizer, ou melhor, o que ela está *atuando* em vez de rememorar, meu jovem analista?".

"Não sei exatamente o que ela está dizendo por meio dessa atuação. O que sei é que essa carga erótica, por razões que ainda desconheço, me excitou. Tenho que admitir isso a você, não vou negar", eu confessei.

"Admiro sua franqueza", Teresa disse. "Primeiro, é bom que reconheça essas sensações para si mesmo, pois ao dizer o que você experimentou na sessão, que sensações ou sentimentos teve, isso nos dá uma pista sobre o que deve ter se passado entre ela e o objeto primário", ela continuou. "E segundo, ao fazer você de objeto da pulsão, da analidade pulsional que nela demanda satisfação, ela está dando notícias de aspectos muito primitivos do caráter dela, de uma pulsionalidade que só se satisfaz quando exerce algum domínio sobre o objeto, que precisamente por essa razão necessita de algum tipo de controle, senão corre o risco de sucumbir", falou, elaborando algumas questões que vínhamos discutindo nas últimas sessões, com uma clareza e uma profundidade que me deixaram assombrado.

"Sabe, isso que você acabou de dizer me fez pensar num filme magnífico que assisti recentemente sobre uma jovem paciente histérica chamada Sabina Spielrein, uma judia russa que fora internada na Burghölzli, onde Carl Jung era então médico-assistente", eu disse.

"É *um método perigoso*, do Cronenberg, não é?", minha supervisora perguntou.

"Esse mesmo, com aquela atriz belíssima, a Keira Knightley, e aquele ator maravilhoso, o Michael Fassbender", eu confirmei, tomando um gole d'água antes de prosseguir. "Tem uma cena no filme que me deixou muito excitado e, ao mesmo tempo, me intrigou bastante. Você certamente deve se lembrar de que Jung começou a tratar dessa paciente com psicanálise e ela melhorou sensivelmente ao longo de poucos meses. Depois, quando ela já estava recuperada o suficiente, tendo inclusive planos de estudar medicina para se tornar ela mesma psicanalista, eles se envolveram amorosamente enquanto ele ainda tratava dela. Tem uma cena no filme", falei, fazendo uma breve pausa e pigarreando um pouco antes de continuar. "Bem, tem uma cena tórrida em que ele vai ao apartamento dela e eles se amam primeiro na sala, depois no quarto. Quando estão no quarto, vemos a porta entreaberta, como se fôssemos não espectadores, mas voyeurs espiando um casal tendo relações. Ela está com o tronco estendido em direção à cabeceira da cama, os braços crispados e descabelada. Sob o espartilho, o bico do peito se insinua, lânguido. Ouvimos batidas ritmadas que fazem seu corpo convulsionar em puro êxtase. Por trás dela e atendendo a seus pedidos, Jung a açoitava com intensidade e paixão", relatei, não tendo como evitar um arrepio.

"Sim, me lembro bem", Teresa comentou, cerrando os olhos como se estivesse assistindo à cena que eu acabara de descrever.

"Não foi o sadismo tampouco o masoquismo em si que me deixaram excitado, mas, sim, o fato de imaginar a entrega, o abandono dela em relação a ele, ao mesmo tempo que, com esse subterfúgio, conseguia controlá-lo", falei.

"Aí está o jogo que ela está jogando com você nesses últimos meses, percebe? Por meio de um modo de comunicação bem primitivo, que remete aos primórdios da vida psíquica, ela está fazendo você experimentar como ela se sente. E que melhor maneira de fazer você compreender o desamparo dela, se não fazendo você sentir o que ela mesma sente? Justamente por se sentir aprisionada, dominada em seus relacionamentos, ela procura exercer algum controle sobre você. Mas não é por mal, entende? É a maneira que ela tem de lhe mostrar o sofrimento dela, a grande desordem em que essa moça se encontra", Teresa falou.

"Então, não é à toa que estou me sentindo dominado por ela, subjugado pela transferência", eu concluí, de repente me dando conta de alguns aspectos dos meus sentimentos e atitudes que não havia vislumbrado até então.

"Nós estamos lidando com questões muito arcaicas, muito primitivas do desenvolvimento afetivo e psíquico dessa analisanda, que não puderam até então ser devidamente tratadas. A análise é a primeira possibilidade de ela vir a ter algo com você que ela nunca teve na vida dela", Teresa falou com a voz terna, como se estivesse falando de um bebê.

Enquanto eu repassava mentalmente as inúmeras vezes em que, ao longo da análise de Madame, eu havia me sentido subjugado pela paixão avassaladora dela – pela demanda imperiosa de amor, pelo *ruthless love* de Winnicott –, Teresa se levantou para pegar a xícara de café que estava sobre a escrivaninha. Em vez da xícara, ela pegou uma casquinha de laranja esquecida sobre o pires e começou a mordiscá-la, absorta em seus pensamentos. De repente, como se tivesse provado não uma simples doce de laranja cristalizada, mas a própria *madeleine* de Proust, esse objeto disparador de memórias esquecidas, o semblante da minha supervisora se iluminou.

"Sabe, escutando você falar dessa analisanda e de seus sentimentos ambivalentes em relação a ela, me lembrei de um filme que vi faz muito tempo, que provocou muita controvérsia quando foi lançado e fez muito sucesso. O nome do filme é *O império dos sentidos*. Você o assistiu?".

"Não, não o vi".

"É a história de uma ex-prostituta que trabalhava como criada num hotel. O dono do hotel e ela têm um ardente caso amoroso, ele abandona a esposa e os amantes iniciam uma escalada de jogos sexuais cada vez mais excitantes, porém cada vez mais perigosos. Ela se torna mais e mais ciumenta e possessiva, enquanto ele deseja agradá-la de todas as maneiras possíveis. É uma paixão imperiosa, porém mortífera. Na busca incessante pelo prazer, o que mais a excita é asfixiá-lo quase até a morte durante o ato sexual. Após castrá-lo no final do filme, tirando-lhe a vida, ela vaga alguns dias como um zumbi, carregando o pênis do amante dentro dela. Escritas com sangue em seu peito, podemos ler as palavras: Nós dois para sempre", Teresa relatou, observando minha reação.

"Nossa, que amor bizarro!", eu comentei, assombrado.

"Ao ouvir você falar daqueles filmes, o do Woodcock e de sua ex-garçonete e o do Jung e da Sabina, eu também fiz um filme aqui na minha mente para o qual estou me apoiando no *Império dos sentidos*. E, se me permite fazer uma pequena digressão agora, a partícula 'cock', presente no nome Woodcock, é uma gíria em inglês para pênis, como você certamente não ignora", ela disse, fazendo uma breve pausa antes de passar a ponta dos dedos na comissura dos lábios. "O filme que eu fiz aqui para mim e que gostaria de compartilhar com você – depois me diz se isso faz algum sentido – é que essa moça, na realidade uma criança, demanda de maneira exigente, impiedosa um amor que ela não teve. Não importa o seu desejo, não importa se você está a fim dela ou não, ela quer porque quer, entende?", Teresa perguntou. "Se eu recorresse a Bion para sonhar essa sessão, esse pequeno trecho da sessão, mas que é ao mesmo tempo tão simbólico, eu diria que o desejo mais ardente dessa analisanda é ficar presa a você, como a personagem do filme que se ligou ao amante, mas às custas da morte dele. O desejo mortífero dessa analisanda é castrá-lo como analista, retirando de você a sua função, a sua potência para analisá-la, matando-o ao pretender que você fique ligado a ela como amante."

"Enquanto eu a escutava, de repente me veio à lembrança uma palavra em francês, que eu lera há pouco no Marquês de Sade: ligoté, cujo significado é 'atado', que é como me sinto na transferência", eu disse. Teresa olhava para mim pensativa.

"*Ligoté, ligoté*... o som da palavra me faz pensar em *lit*, cama em francês, e em *goûter*, provar, experimentar ou colação. Estou fazendo a lacaniana agora", disse, com um gesto lânguido, apoiando o queixo entre o índex e o polegar. Ela sorria, imitando uma psicanalista francesa conhecida, de quem agora não me lembro o nome.

"Não sabia que *goûter* significava 'colação', 'lanche da tarde'", eu disse.

"E colação", Teresa continuou, de maneira um tanto obscura e enigmática, "evoca em mim 'cola', o significante mais evidente, mas também um outro menos óbvio, 'colo', que remete a uma série de associações, como mãe, apego, amparo, enfim, a lista é grande, não vou me estender tanto", ela disse, com ares que me faziam pensar que eu estava diante de uma pitonisa no templo de Apolo. Eu a olhava com tamanha incredulidade, admirando a sua inteligência penetrante, sua clarividência, que ela deve ter notado meu assombro.

"Que foi?", ela perguntou após alguns instantes. "Perdeu a língua?", falou, me provocando.

"Eu não tinha pensado nessas representações até agora, sabia?", eu disse.

"Ora, muito menos eu, meu caro doutor", ela falou, endireitando-se na poltrona e colocando a mão na cintura. Teresa me fazia sentir inteligente nessas horas. "Mas a partir do que a pessoa de sua analisanda suscitou no seu inconsciente, você se sentiu atado, dominado pela transferência. E na supervisão nós dois podemos pensar, sonhar juntos, não ficarmos presos, enredados nessas tramas, ou seja, podemos desatar alguns nós que estão tirando sua liberdade de interpretação, de atuação como analista", refletiu, mostrando para mim que havia um saber que era construído comigo, entre nós dois, que só era possível a partir do meu trabalho com ela. "Essa moça deseja colar em você, como a mulher do filme, unir-se de um modo absoluto e total, ligando-se de uma maneira indelével, que nada pode apagar. Mas qual seria o sentido dessa cola, dessa fusão que ela pretende estabelecer com você?", indagou, me convidando a pensar junto com ela.

"Pensando bem, não seria exatamente uma cola, não é mesmo? A cola seria apenas um desvio pelo qual ela chegaria ao que de fato deseja, que nada mais é que um colo", arrisquei.

"Sim, exatamente, também penso assim. O colo que ela não teve e que agora procura desesperadamente encontrar em você. Só que ela faz essa demanda por intermédio da linguagem da paixão, em vez de fazê-la pela da ternura", concluiu, fazendo uma pausa. "Agora estou fazendo a ferencziana", respondeu com ironia. "Ela reclama paixão, mas o que de fato ela necessita é que você seja terno com ela, meu querido doutor."

"Acho que preciso reler *Confusão de línguas*, do Ferenczi", eu disse.

"Acho uma ótima ideia!", Teresa respondeu. "Aliás, eu também vou reler esse artigo para nossa próxima supervisão. Bem, trabalhamos bastante hoje, não é mesmo? Vamos parar por aqui?", perguntou.

Reuni minhas notas espalhadas sobre o divã e deixei o pagamento das supervisões sobre a escrivaninha antes de me despedir dela. Ao entrar no elevador, de repente me deu vontade de chorar. Nenhum pagamento era o suficiente para agradecer o quanto Teresa fazia por mim.

Estávamos nos aproximando do final do ano, em breve iríamos completar dois anos de tratamento analítico, mas o cenário que se desenrolava nas sessões com Madame era mais ou menos o mesmo. Ela procurava desesperadamente me seduzir, enquanto eu tentava me manter firme no lugar de analista, não sucumbindo a seus apelos. Ela sentia minha recusa como ofensa, procurava me atingir, mas eu não revidava, embora ficasse com muita raiva por me sentir manipulado, como um brinquedo em suas mãos. Depois, ela se vitimizava ou então fantasiava novas agressões, nas quais invariavelmente me cabia o papel de algoz. Junto com a dor e o sofrimento, aquelas fantasias pareciam lhe dar algum tipo de satisfação. Quando parecia cair em si, ela então se recriminava, censurando sua própria conduta, julgando-se depravada e imoral. Xingava a si mesma, rebaixava-se diante de mim, me encorajando a desprezá-la. Por fim, lamentava por eu ter me ocupado de uma paciente tão vil e digna de desprezo quanto ela. Após essa purgação da consciência, retomava o mesmo enredo na sessão seguinte.

Naquela última quinta-feira antes da semana do Natal, cheguei ao consultório de Teresa no final da tarde, pouco antes de cair uma violenta pancada de chuva. Eu acabara de fazer um lanche rápido na padaria ali perto e já atravessava a rua para alcançar o prédio onde ficava o consultório da minha supervisora quando a chuva desabou. O cheiro de terra molhada logo se fez sentir, assim como alguns grossos pingos de chuva, mas não o bastante para me molhar. Logo eu estaria sentado na sala de espera. Teresa não demorou para abrir a porta e me convidar para entrar com um largo sorriso. Eu lhe dei um pacote de biscoitos amanteigados que trouxera da padaria. Ela me ofereceu um café, que fiquei tentado a aceitar, mas acabei recusando porque meu estômago doía. Aceitei o biscoito, que ela também provou e agradeceu. Conversamos um pouco sobre outros assuntos antes de passarmos à supervisão propriamente. Aquela digressão por outros temas, que eu tanto gostava nas outras vezes, me pareceu uma eternidade naquele dia. Minha supervisora deve ter percebido minha angústia, porque pouco tempo depois me perguntou à queima-roupa:

"O que Madame anda aprontando ultimamente, meu caro doutor?".

"Eu não sei com quem eu me identifico mais, se com Ralph Greenson, se com Reynolds Woodcock ou se com Carl Jung", falei, me esparramando no divã. Teresa me olhou oblíqua, enquanto eu quase me deitava e pegava uma almofada para me apoiar. "Ela me provoca o tempo todo, tenta me seduzir, fala coisas que me fazem fantasiar com ela, que me deixam excitado. Tenho que admitir.

Aquilo que ela diz me atinge de alguma forma, eu não sei bem o que me dá nessas horas. Às vezes, eu quero ser um pai para ela, como Greenson tentou ser para Marilyn, mas não conseguiu. Outras vezes, quero ser como Woodcock, que ora dominava a bela e encantadora Alma, ora se deixava dominar por ela. De vez em quando, quero ser como Jung para dar tapas nela até fazê-la soluçar", eu disse. As sobrancelhas de Teresa fizeram um leve arco nessa hora.

"Você deseja ter um caso com ela?", minha supervisora me perguntou abertamente.

"Não, eu não desejo isso", declarei, sem perceber que negava duas vezes. "Sinceramente. Eu amo minha mulher, quero ficar com ela, não com Madame", respondi.

"Se você tem clareza sobre o seu desejo, ou seja, que você não quer ser o amante, o namorado, seja lá o que for, mas simplesmente o analista dela – o que já é muito, diga-se de passagem –, então o que seriam essas reações inconscientes, qual o significado desses sentimentos em relação à pessoa dela, ou melhor, em relação à transferência dela?".

"Eu não sei por que ela desperta tudo isso em mim", eu confessei, um tanto estupefato, de repente me dando conta do quanto eu estava sendo afetado pela transferência e sendo agido pela minha contratransferência, quer dizer, atuando a partir dela.

"Que objeto você representa para ela na transferência?", Teresa indagou após ficar alguns instantes em silêncio, pensativa.

"Hoje em dia não sei mais, estou um pouco perdido. Primeiro eu achei que representava o pai, depois pensei que fosse a mãe", eu disse.

"Às vezes, o objeto na clínica não é tão definido quanto na teoria. Ele é mais um compósito, uma aglutinação de duas ou mais pessoas do que propriamente um objeto à parte. Que aspecto do objeto primário estaria representando para ela, você imagina?", Teresa perguntou.

"Tem horas que eu penso representar um pai incestuoso, porque me sinto instado por ela a ocupar esse lugar, do analista que mantém uma relação indigna com uma paciente. Não penso em ser sedutor em relação a ela, ao contrário, ela é quem tenta a todo instante me seduzir. No entanto, devo admitir, esse amor que ela sente por mim, essa paixão direcionada à minha pessoa, afagam o meu ego", falei sem constrangimentos. Teresa tinha um olhar compreensivo nessa hora.

"É mais difícil se defender de uma tentativa de sedução do que de um ataque, você tem toda razão. A transferência positiva nos envolve, nos acaricia, nos afaga, ao passo que de uma transferência negativa, quando somos atacados, invejados ou odiados pelo paciente, é mais fácil de nos defendermos", ela falou. Agora eu é quem olhava para Teresa, pensativo. "Você tem alguma ideia de por que a sedução dela captura você assim?", perguntou. Quando minha supervisora fez essa pergunta, um filme passou de repente diante dos meus olhos.

Quando criança, o escritor francês Romain Gary, autor de *Promessa ao amanhecer*, ouvia de sua mãe os seguintes destinos: "Você será Gabriele D'Annunzio, herói de guerra, embaixador da França!". A mulher tomava o rosto do filho entre as mãos, olhava bem no fundo dos seu olhos e depois anunciava os mandatos que ele viria a cumprir no futuro, um a um. De fato, mais tarde Gary vai se tornar herói de guerra por ter lutado ao lado do general De Gaulle pela libertação da França ocupada. Após o final da Segunda Guerra, ele começa uma carreira como diplomata a serviço da França – ocupando várias funções, inclusive como cônsul-geral em Los Angeles entre 1956-1960, cuja estadia final coincide precisamente com o início do tratamento de Marilyn por Ralph Greenson – enquanto leva uma carreira bem-sucedida como escritor. Casa-se com a atriz americana Jean Seberg, ícone da Nouvelle Vague, com quem tem um filho. Seu livro *Les racines du ciel* será adaptado para o cinema por ele mesmo e depois dirigido pelo cineasta John Huston. É o único escritor a ganhar duas vezes o Prêmio Goncourt, a maior premiação literária francesa, sendo uma por *Les racines du ciel*, em 1956, e outra com o pseudônimo Émile Ajar por *A vida pela frente*, em 1975. Apesar de levar uma vida aparentemente plena e cheia de aventuras, Gary se suicida com uma bala na garganta em 1980, um ano após o suicídio da atriz. Ele deixará um bilhete ao pé do leito de morte, no qual diz que sua morte não tem relação alguma com a de Jean Seberg. Nos rascunhos de *Pseudo*, seu livro-testamento, ele escreveu a seguinte frase: "No entanto, minhas tendências suicidas desapareceram e eu não tinha mais vontade de me suprimir deixando essa nota de explicação: enfim autêntico".

Assim como Romain Gary, eu também tive uma mãe cujo desejo longínquo me atravessava, mais do que propriamente o seu olhar arrebatado, que só fazia se projetar sobre mim. Eu era tudo aquilo que ela não era, mas que aspirava a ser, a pessoa que foi parte dela mesma. Enfim, minha mãe amava conforme o tipo narcísico, do Freud de *Introdução ao narcisismo*. Minha mãe era o contrário da "mãe morta", de André Green. Ela era o anti-Green: nada de ausência, pura presença, só excessos, sem limites. "Mas quem não teve uma mãe assim?", minha acaciana leitora de psicanálise pode estar se perguntando nesta hora. "Ora, a começar pelo próprio Green...", eu responderia, sem me estender na longa lista de pessoas cujas mães, em razão de um luto ou de uma grande perda, não puderam amar seus filhos como deveriam ou como gostariam de ter amado. Minha anti-greeniana mãe amava a mim como ela mesma gostaria de ter sido amada: "Você é lindo, inteligente, poderá ser tudo aquilo que quiser um dia!". Aquele amor intenso, enlevado e aparentemente infinito me faziam sentir como o Sol, em torno do qual orbitava minha mãe, cuja vida parecia depender da luz que eu emanava em sua direção.

"Você tem alguma ideia de por que a sedução dela captura você assim?", Teresa repetiu a pergunta após alguns instantes, vendo que eu me ausentara por um momento enquanto repassava esse filme antigo na minha mente.

"Eu tenho a impressão de que me sinto capturado pelo amor dela como um dia fui pelo de minha mãe. Ainda que o amor dela seja de transferência, isso não muda absolutamente nada. Talvez essa seja a razão do meu infortúnio, não poder fazer de outra forma."

"Como assim?", ela questionou, levando os dedos à ponta dos lábios e cerrando ligeiramente os olhos.

"É como se eu soubesse a verdade, mas mesmo assim... Sabe, como se estivesse tendo que admitir, mas ao mesmo tempo não querendo admitir que esse amor que ela destina não é para minha pessoa, mas para o objeto que represento na transferência", respondi, envergonhado.

"Você quer e ao mesmo tempo não quer aceitar ser apenas o analista dela", Teresa disse, olhando bem no fundo dos meus olhos. No entanto, o olhar dela não me atravessava como o da mãe de Romain Gary, ao contrário, se encontrava com o meu com ternura.

"Você tem toda razão!", eu concordei. "É como se, por um breve instante, ela me fizesse acreditar que sou esse objeto perfeito, sem falhas, onipotente, o que de fato não sou."

"Sua Majestade, o bebê", Teresa disse com alguma ironia.

"Eu estava achando que você ia dizer o falo", confessei.

"E poderia dizer o falo, assim como poderia ser o seio, a mãe, o pênis, enfim, qualquer objeto que representasse um compromisso de plenitude", ela falou. Fiquei em silêncio por alguns instantes.

"O que Madame diz para mim toca no mesmo lugar onde as palavras de minha mãe me afagavam", revelei.

"A castração pressupõe uma lógica fálica, entre ter ou não ter o falo, o que nos concederia um maior ou menor valor narcísico", ela disse. As palavras dela ressoavam nos meus ouvidos sem que eu tivesse a certeza de tê-las compreendido bem.

"Não sei se entendi bem o que você quis dizer com isso", falei.

"Lembro que você disse que, ao atendê-la, havia se sentido potente, vigoroso, como nunca se sentira antes como analista, não foi?", ela perguntou.

"Sim, foi isso mesmo", respondi.

"Será que esses mesmos sentimentos despertados pela transferência estariam o impedindo agora de se desidentificar desse papel que ela lhe atribui?", minha supervisora indagou e fez uma pausa antes de concluir seu raciocínio. "Você precisa estar castrado como homem para poder ser potente como analista", ela finalizou, pesando as palavras. Eu me inclinei em sua direção, apoiando o braço no encosto do divã e o queixo na mão. Teresa me pareceu ainda mais bonita nesse dia, sobretudo quando passava as mãos pelos cabelos, apanhando-os levemente atrás da cabeça num coque que se desfazia, apenas para se abanar com o caderno e aliviar um pouco o calor.

"Por que será que, mesmo sabendo que o amor que ela diz sentir não é para mim, ainda assim eu não consigo me desvencilhar desse papel que ela me designa?", perguntei sem esperar resposta. Teresa me olhava de um jeito diferente.

"São questões do narcisismo, que você vai precisar trabalhar melhor na sua análise. Me parece que você não quer perder a ilusão de ser o falo da mãe, ou melhor, da paciente, isto é, de ser o único objeto do desejo dela", ela respondeu.

"Será que minha atitude inconsciente em relação à pessoa de minha analisanda não estaria contribuindo para ela se fixar na ideia de ter um caso amoroso comigo?", perguntei. Teresa apenas sorriu.

"Eu tiraria o condicional dessa frase. Ela está contribuindo, meu caro doutor", afirmou logo em seguida, fazendo outra pausa antes de continuar. "Você sabe, as transferências acontecem o tempo todo nas relações, elas não são exclusividade da relação analítica. Por exemplo, existem transferências entre um filho e sua mãe, uma aluna e seu professor, um empregado e seu chefe. Todavia, a análise pode desvelar a transferência para o paciente, o que pode servir à mudança de posição psíquica do sujeito frente à própria demanda. Aqui mesmo, na nossa supervisão, também ocorrem transferência e contratransferência, você sabe disso, não sabe?", perguntou de maneira retórica. "Seus desejos inconscientes também se atualizam na supervisão, assim como eu reajo de maneira inconsciente à sua pessoa e, mais especificamente, à sua transferência", Teresa falou num tom que, de repente, me fez perceber o quanto eu estava fascinado por ela. Endireitei meu corpo no divã, um tanto sem graça.

Ela continuou falando sobre transferências, mas eu já não a escutava mais, não como antes. Enquanto falava e gesticulava diante de mim, eu só pensava na série de indícios retrospectivos que me levavam a confirmar a verdade de sua afirmação, o quanto eu mesmo estava sujeito, assim como Madame fazia em relação a mim, a fazer uma transferência amorosa sobre sua pessoa. Não sei bem ao certo o efeito que teve sobre mim Teresa revelar a transferência que eu fazia na supervisão. Se, por um lado, isso me permitiu pensar e entender algumas das minhas atitudes em relação a ela desde que começáramos a trabalhar juntos, por outro, senti um impulso quase irresistível de me prostrar aos seus pés, pedindo que ela me censurasse pelo mau comportamento e até me desse uns tapas para me corrigir, como se eu fosse um menino travesso e mau. Como se um filme se desenrolasse diante dos meus olhos, eu queria assumir o lugar de Woodcock para comer um prato de cogumelos envenenados que Alma, minha supervisora, me ofereceria para depois eu vomitar as entranhas. Queria ser Sabina Spielrein para ser açoitado por Jung, minha supervisora, até desfalecer sobre a cama com as feridas em carne viva. Tinha, mas não ousava admitir, o desejo de ser Marilyn para reviver na transferência com Greenson, minha supervisora, a sucessão de abandonos e traumas de infância até não suportar mais e tirar minha própria vida. Embora essas cenas passassem como se projetadas numa tela de cinema estendida entre mim e Teresa, um grande écran branco onde eu podia acompanhar a ação de cada uma delas, as imagens não me faziam sentir absolutamente nada. Eu sentia como se meus pensamentos e afetos estivessem dissociados uns dos outros.

"Tem duas coisas que não podemos perder de vista neste caso. A primeira, de que já falamos antes, é que o amor de transferência é uma resistência. Ele se opõe à cura analítica. É preciso não se esquecer disso. A segunda coisa, ao lado da pulsão amorosa de sua paciente, da pulsão erótica, existe também a pulsão de morte", ela prosseguiu.

"Preciso fazer um mea-culpa, pois tenho me esquecido, sim. Fernando às vezes fala, citando Lacan, que a resistência não é do paciente, mas do analista", disse, enquanto tentava me lembrar em qual *Seminário* eu havia lido essa tese, mas só me recordando de fato das palavras do meu analista. "Talvez a resistência seja da dupla analítica, do analista e de seu analisando juntos", falei, após ter ficado em silêncio alguns instantes, olhando para a sessão transcrita que descansava no meu colo.

"Não tinha pensado nisso. Sabe que você tem razão?", minha supervisora falou com excitação, estimulada por aquela ideia também nova para mim: uma resistência que retirava suas forças ora do analisando, ora do analista. Teresa me olhava como alguém que olha uma criança ter a ilusão de fazer uma descoberta toda sua, mas que não desfazia o engano. "Por que será que você não está levando em consideração os aspectos destrutivos de sua paciente?

É como se você só tivesse olhos para os aspectos amorosos da transferência", ela discorreu.

"Sabia que Fernando também me disse uma vez que eu esperava receber apenas o amor dela, sem levar em conta que podia vir junto dele uma tesourada?", disse com um riso nervoso. "No lugar de ser o costureiro, como Woodcock, eu ia ser o costurado", falei, tentando fazer Teresa rir. Com efeito, ela sorriu com os olhos.

"Talvez existam alguns pontos cegos em você com relação à destrutividade dela, como todo analista tem seus pontos cegos, que o impedem de ver os ecos da pulsão de morte na transferência", Teresa falou, me chamando atenção para a parte obscura de mim mesmo. "A libido e a pulsão de morte estão, no geral, intrincadas, uma não atua sem a participação da outra, embora às vezes esta última predomine quando há uma desintricação pulsional. A libido de sua paciente está a serviço da pulsão de morte, refém dela. Por isso, ela quer se apossar do objeto que você representa, quer obter, ao mesmo tempo, satisfação libidinal e narcísica, ainda que essa captura destrua a própria análise dela, algo que é fundamental e bom para essa moça", afirmou com ênfase. "Sabe no que ela me faz pensar, Tiago?", perguntou.

"Não, nem imagino", confessei.

"Em Nêmesis, a deusa grega da vingança. Se sua paciente não tem aquilo que deseja, ela pensa cegamente em destruir tudo, ainda que a própria reação destrua a si mesma. Porque se você sucumbisse aos encantos e à sedução dela, isso seria a sua morte como analista, a morte da análise. Em suma, da análise dela", Teresa concluiu, o que me fez evocar o livro homônimo de Philip Roth.

Nêmesis narra a história de um surto de poliomielite no verão de 1944 e seus efeitos trágicos numa pequena comunidade do estado de Nova Jersey. O protagonista Bucky Cantor é um homem bom e digno, um jovem professor de educação física, que é arrastado a uma tragédia pessoal por força das circunstâncias. Ele se culpava por acreditar que tinha inadvertidamente disseminado pólio para as crianças de Weequahic, uma comunidade judaica em Newark. Em resumo, as questões que o livro colocava, e que eu mesmo me fazia escutando Teresa falar, eram: quais de nossas escolhas definem terminantemente uma vida? Quão impotentes ficávamos diante da irreversibilidade das circunstâncias?

Embora eu me sentisse naquela hora um pouco como os personagens de Ésquilo, minha cara leitora, que sem pensar duas vezes prefere os livros de psicanálise às tragédias gregas, as últimas palavras de Teresa me fizeram ter a certeza do quanto eu não queria um destino funesto para mim. Um destino que queria se impor à minha vontade, aproveitando-se de fragilidades internas e circunstâncias externas, para ao final tragar tudo aquilo que eu havia investido de mais precioso durante meus anos de formação. Ainda que parecesse um tanto heroico me insurgir assim contra as terríveis forças do destino, sabendo que de antemão estamos condenados a sucumbir diante de forças tão inexoráveis e poderosas, eu preferia meu desejo vão de ser analista a perder tudo numa voragem de concupiscência, desvario e morte.

Foi essa decisão aparentemente simples, porém determinante que tomei naquela quinta-feira do mês de dezembro, véspera da semana do Natal, após ter me encontrado com Teresa regularmente ao longo de dois anos.

Quando saí do consultório já era noite, embora ainda estivesse uma claridade no céu. A chuva havia cessado, mas as ruas do Jardim Botânico ainda estavam alagadas e as calçadas, enlameadas. O trânsito, para variar, não estava engarrafado. Tudo ou quase tudo estava como sempre após um temporal no Rio.

Entretanto, eu já não era mais o mesmo. Era definitivamente outro.

Após o período das festas do final de ano, tirei algumas semanas de férias em janeiro para descansar com minha família. Eu havia trabalhado bastante naquele ano e alguns dias de folga eram muito bem-vindos. Teresa também ia tirar férias e combinamos o retorno da supervisão para fevereiro.

Apesar de estar num lugar agradável e isolado com minha família naquele início de ano, curtindo aqueles dias de sol com meus filhos e minha mulher, volta e meia algo vinha turvar meus pensamentos. Como nas férias do ano anterior, eu estava na expectativa de receber alguma ligação ou mensagem de Madame, que não suportava bem meu afastamento. Enquanto via meus filhos brincarem na piscina do resort em que nos hospedamos na Costa Verde durante aquele verão, eu me lembrava da viagem à Europa que Ralph Greenson havia feito com sua mulher, cuja volta fora antecipada porque Marilyn Monroe não suportou a distância do seu analista e ameaçava se matar. Madame não fazia ameaças semelhantes às da estrela de Hollywood, porém nas férias passadas eu havia sido contactado pelo médico-assistente do hospital geral, onde ela fora internada com uma condição médica aguda. Contudo, os espasmos musculares generalizados que fizeram os médicos suspeitarem de uma grave afecção neurológica se tratavam, na verdade, de uma crise histérica. Por isso, eu pensava de tempos em tempos que iria receber uma ligação urgente da parte dela a qualquer momento, mas isso de fato não ocorreu. Eu aproveitei aqueles últimos dias à beira-mar para me esquecer um pouco da obsessão em que sua análise se transformara para mim.

Mal entramos no mês de fevereiro, Teresa e eu retomamos as supervisões semanais. Acho que foi no nosso segundo encontro que ela me deu a notícia fatal. Pensei que íamos prosseguir com o trabalho normalmente, mas minha supervisora anunciou que eu já havia completado o tempo necessário de supervisão daquele caso, ou seja, dois anos de tratamento, e que já podia, então, apresentar meu segundo relatório. Isso sem contar o tempo de supervisão do meu paciente anterior, o anti-Kafka, que abandonara o tratamento, mas que se tratara por quase um ano.

Aquela notícia foi um verdadeiro choque para mim, querida leitora. Teresa e eu não íamos mais nos ver? Como assim? Embora soubesse que a supervisão se encerraria ao final de dois anos, eu ainda não estava preparado para interromper o processo quando recebi a notícia de seus frios lábios. Minha supervisora argumentou que era preciso terminarmos a supervisão, sortear o nome dos analistas que iriam compor minha banca de avaliação e defender o relatório, pois isso permitiria atender o segundo caso oficial e escolher um novo supervisor. "É um rito de passagem", ela disse, "isso significa um crescimento na sua formação. Você perde por um lado, mas ganha por outro." Eu entendia, mas me recusava a aceitar.

Não era somente por causa de Teresa que eu não queria encerrar a supervisão, era também por Madame. Ainda que agora eu sentisse ter mais domínio da situação, havia aspectos relacionados à destrutividade de minha paciente, questões relacionadas ao narcisismo e ao masoquismo mortífero que precisavam ser melhor compreendidas e exploradas. Eram questões que diziam respeito à minha analisanda, mas também a mim mesmo, porque até aquele momento nunca puderam ser pensadas por ambos. Eu pisava no terreno do impensável, do não simbolizável, do indizível. Não me sentia em condições de pensar por nós dois. Como o poeta, eu tinha receio, e até medo, de avançar sozinho em direção às terras infernais. Para essa viagem, eu precisava de um guia para me amparar. Porém, meu Virgílio dizia que eu tinha que caminhar sem sua companhia dali em diante. Ela se mostrou disponível e interessada em ler o relatório que eu deveria escrever a partir do segundo ano de análise da minha paciente. Também ficou de sugerir o nome de um outro analista para ser meu supervisor do segundo caso oficial.

"Eu gostei muito de ser sua supervisora, fico feliz por ter contribuído para sua formação como analista. Mas deixando de lado essa questão institucional, queria dizer que gostei demais de você, de como formamos uma bela dupla de trabalho ao longo desse tempo juntos", falou, olhando para mim bem no fundo dos meus olhos, como ela fazia quando queria me dizer algo que eu precisava ouvir. "A vida é feita de encontros e eu, de minha parte, posso dizer que nós tivemos um encontro rico e transformador. Bem, ao menos para mim foi, mas espero que para você também", disse com modéstia. Acho que meu olhar suprimia sua dúvida. Beijei-lhe as faces e nos despedimos com um abraço caloroso. "Vamos continuar nos encontrando em outros lugares, em outros momentos, meu querido colega. Vamos fazer novas coisas juntos", afirmou ao me levar até a porta e tocar de leve no meu ombro.

"Me sugere alguém bacana como você para ser supervisor do segundo caso?", pedi.

"Procure o Admar Horn, acho que é alguém que poderá te ajudar bastante", ela disse.

Pensei ter surpreendido uma lágrima no canto dos olhos de Teresa, mas eram dos meus que elas afinal caíam quando entrei no elevador.

5. A escrita

Assim como o psicanalista norte-americano Thomas Ogden, durante longo tempo acreditei que meu verdadeiro *self* estava na ficção.

Eu passara os anos anteriores à minha formação psicanalítica tentando levar uma vida de escritor ao mesmo tempo em que me dedicava à medicina. Como muitos escritores, tentava conciliar uma vida profissional que garantisse o meu sustento, me consagrando à escrita literária nas horas vagas. A minha dedicação e disciplina em cerca de vinte anos de trabalho rendeu alguns módicos resultados. Havia publicado dois livros de contos, participado de algumas coletâneas e mais tarde escrito dois romances, sendo que *Tão fútil e de tão mínima importância* obteve o primeiro lugar no Prêmio Rio de Literatura. Mas a verdade é que eu não estava feliz tampouco satisfeito.

Na realidade, como descobri ao longo da minha análise com Fernando Rocha, eu escrevia com grande sofrimento. Eu achava até então que só se podia escrever uma grande obra a partir da renúncia aos prazeres da vida, numa espécie de ascetismo masoquista formado por um misto de dedicação extrema, exigência e autoacusação. Lembrava vagamente o método de escrita de Karl Ove Knausgård, porém sem o mesmo gênio, a mesma verve, a mesma produção desenfreada, apenas o mesmo e renovado masoquismo. Era uma escrita superegóica, segundo meu analista. Acho que ele não estava errado.

Então, eu me perguntava: como passar de uma escrita tirânica e cruel, criada à imagem e semelhança do Supereu sádico, para uma escrita que fosse mais espontânea e criativa, mais original, que me desse mais prazer e satisfação e menos sofrimento? Que fosse menos calcada num Ideal do Eu e mais ela mesma. Menos Sade, menos Knausgård, mais Ogden, mais Winnicott.

"Para quem você escreve?", Fernando me perguntou mais de uma vez durante nossas sessões. Eu não sabia responder exatamente para quem eu escrevia, achava que era para mim mesmo, embora tivesse encontrado algumas respostas possíveis desde que passei a pensar sobre esse assunto. Porém, mais do que procurar responder essa pergunta, era outra que eu me fazia: "Por que escrevo?". Enquanto tentava respondê-la, me lembrava das razões que alguns escritores alegaram quando foram indagados a esse respeito, como o espanhol Manuel Vázquez Montalbán disse certa vez: "Para ser alto e bonito".

Quando o Carnaval daquele ano chegou e a supervisão com Teresa oficialmente terminou, eu não queria ser alto nem bonito, minha estimada leitora de psicanálise. Talvez você possa imaginar que essas eram algumas de minhas vaidades, mas se eu tinha alguma delas, era apenas esta: escrever o segundo relatório do meu primeiro caso oficial. Quem sabe, minha leitora perspicaz de psicanálise poderá objetar, um relatório bem escrito não seria o equivalente à altura e à beleza que o autor de romances policiais Montalbán tanto perseguia? Talvez você não esteja enganada, mas confesso que, de maneira consciente, não guardava em mim quaisquer veleidades, queria apenas ter a certeza de um trabalho bem-feito, que fosse apreciado pelos meus pares. Seria isso vaidade? Se você estiver inclinada a dizer que sim, ou, se assim não for, apenas balançar a cabeça discretamente, ou esboçar um leve sorriso, não deixarei de pensar que, além de leitora de psicanálise, você é também leitora do *Eclesiastes*: "Tudo é vaidade e vento que passa".

Fazia parte da formação na Sociedade Brasileira de Psicanálise do Rio de Janeiro o atendimento de dois casos sob supervisão oficial, a assiduidade nos seminários clínicos e teóricos oferecidos a cada semestre e a participação em atividades científicas, clínicas e culturais. Ao final do primeiro e do segundo ano de atendimento do primeiro caso, era preciso escrever dois relatórios, respectivamente, nos quais o candidato narrava o processo analítico, apresentava o material clínico e estabelecia correlações entre a clínica e a teoria a fim de demonstrar seu aprendizado da psicanálise.

Muito já se escreveu sobre a escrita psicanalítica e, mais especificamente, sobre a escrita dos relatórios oficiais, por isso não pretendo entrar nessa discussão que cheira a revistas científicas velhas e emboloradas. A verdade é que eu não via uma diferença muito significativa entre a escrita literária, que já praticava há alguns anos, e a escrita psicanalítica, à qual começava a me aplicar. A meu ver, ambas são tributárias do inconsciente, porque a gente nunca sabe afinal sobre o que se escreve, ao contrário, escreve para descobrir. No meu caso, ambas advinham da associação de ideias de um lado e da atenção flutuante de outro. Enquanto eu escrevia, havia dois movimentos que se alternavam na escrita, um que era puro impulso, outro que era calcado na razão. Ímpeto e reflexão ora se intrincavam, ora se desintrincavam como as pulsões no processo da escrita. Eu esperava que a escrita, num primeiro momento, fosse apenas impulso, força psíquica espontânea que leva a uma ação, reservando para um segundo tempo o trabalho reflexivo, a transformação dos elementos brutos em símbolos. Uma escrita que se aproximasse do registro do sonho, dos processos primários e, mais distante da vigília, dos processos secundários. Isso me fazia lembrar de dois escritores que haviam, por outros meios, chegado a uma enunciação semelhante a essa. O primeiro deles era o escritor português Lobo Antunes, ex-psiquiatra, autor de *Os cus de Judas*, que dizia gostar mais de quando escrevia até quase a fadiga, o sono, porque aí o material que emergia tinha vida própria, escapava da censura que a mente consciente impunha. O segundo era o francês autor de *Submissão*, Michel Houellebecq, que só podia escrever assim que acordava, sem tomar banho ou café, porque, depois disso, tudo estava perdido.

Quando, naqueles dias de Carnaval, comecei a escrever sobre a análise de Madame, eu não procurava responder por que escrevia. Isso era algo que eu deixava para minha análise. O que eu queria era simplesmente representar de maneira alegórica, isto é, simbolizar, a partir da escrita, o que havia sido até aquele momento – porque, afinal, a supervisão acabara, mas a análise dela continuava – a longa jornada inconsciente adentro. A dupla viagem rumo ao inconsciente de Madame e igualmente ao meu, pois uma análise, quando é bem-sucedida, transforma não apenas o analisando, mas o próprio analista.

Eu começara a escrita do relatório na sexta-feira de manhã e avançara rapidamente no final de semana. Fizera um breve apanhado das circunstâncias que levaram Madame a me consultar, das queixas atuais, dos tratamentos anteriores, enfim, eu apenas tentava fazer uma breve introdução, dar ao leitor um panorama, antes de passar propriamente ao caso clínico e ao tratamento analítico. Nas *Observações preliminares*, antes de entrar na segunda parte do relatório que trataria do masoquismo, escrevi:

> *Uma particularidade da análise aqui narrada tem relação precisamente com as íntimas relações estabelecidas entre pulsão de vida e pulsão de morte. Se, ao longo do primeiro ano do tratamento, me detive em*

> *trabalhar os aspectos relacionados à pulsão de vida, em razão da dominância dos sentimentos amorosos e eróticos suscitados pela transferência, no segundo ano foram as questões relacionadas à pulsão de morte que ocuparam mais a minha atenção, seja pela questão do masoquismo, seja pela da reação terapêutica negativa. Na realidade, ainda que a transferência tenha impulsionado minha paciente a fazer mudanças significativas em sua vida, tanto amorosa como profissional, sabemos que, por trás desse amor de transferência, a resistência se esconde. Se digo que prestei mais atenção aos aspectos relacionados à pulsão de morte num segundo momento, não quero dizer com isso que eles já não estivessem presentes desde o início; estavam, eu é que ainda não era capaz de percebê-los com toda a clareza e não tinha as armas de que precisava para enfrentá-los.*

Na realidade, tendo escrito esse trecho já perto do final das observações iniciais, eu procurava fazer um exame escrupuloso do que fora a análise de Madame até aquele momento. Dava mostras do trabalho feito no ano anterior, do trabalho que ainda restava por fazer, sobretudo no tocante ao masoquismo e à reação terapêutica negativa, nada mais do que ecos da pulsão de morte. Fazia também uma breve autocrítica, em que destacava os parcos recursos de que dispunha naquele tempo para fazer face ao "continente negro" da psicanálise, como Freud nomeou o enigma da sexualidade feminina, numa metáfora com o desconhecido e misterioso continente africano.

Mais adiante, já perto do fim das observações preliminares, anotei:

> *Outra particularidade desta análise tem a ver com a minha própria contratransferência. Desde que havia começado a formação, era a primeira vez que eu me*

sentia verdadeiramente atuando como analista, pois, ao conduzir esta análise, eu sentia uma familiaridade com conceitos que eram a matéria mesma da psicanálise, como inconsciente, recalque, transferência, entre outros. Ainda me lembro do meu sentimento de potência ao atender Madame, por sentir que eu interpretava, analisava sonhos, imaginava com que objeto estava sendo identificado, enfim, como se isso tivesse servido para restaurar meu narcisismo, em parte ferido pela interrupção da análise de um caso sob supervisão oficial anterior ao dela. Me lembro também de, logo no início, ter pensado em escrever um livro sobre a formação do analista, cujo título seria algo assim: O ano em que me tornei psicanalista *(como se a formação tivesse um fim e não fosse um processo que nunca termina). Mais recentemente, tendo descoberto que ela mantinha duplos das peças de lingerie que me enviava pelos Correios e áudios gravados no celular após as sessões, nos quais relatava os sonhos e "me analisava", acalentei durante algum tempo a ideia de fazermos uma instalação num museu, onde eu seria o curador e ela, a artista. Nessa instalação sonhada, haveria de um lado a narrativa de Madame sobre a sua análise e, de outro, a minha versão, para que o espectador cotejasse ambas e, entre uma e outra, pudesse ter a ilusão de haver criado o seu próprio objeto.*

Meu desejo queria fazer de Madame uma artista conceitual contemporânea, como a autora de *Prenez soin de vous*, Sophie Calle, cuja concepção fora motivada por um e-mail de rompimento enviado pelo namorado. Se Calle transformava a dor numa obra de arte, numa instalação exibida no Centre Pompidou, à Madame restava tão somente a histeria e o masoquismo. Quando não soube responder ao e-mail do amante – que terminava com as palavras fatais *prenez soin de vous*, um patético cuide-se –, em vez de chorar, Calle decidiu pedir a uma centena de mulheres que interpretassem essas palavras sob um ângulo profissional, compreendessem por ela, falassem no seu lugar. Era uma maneira de se separar no tempo dela, no seu próprio ritmo. Madame não era Sophie Calle, eu sabia disso. Mas podia eu sonhar em transformar a miséria neurótica de Madame se não em arte, ao menos em sofrimento comum?

Um dia, talvez fosse a segunda ou a terça-feira de Carnaval – hoje não me recordo muito bem, mas penso que foi na terça-feira –, enquanto fazia uma pausa para começar a escrever a segunda parte do relatório e navegava na internet sem rumo nem direção, li no The Guardian uma notícia sobre a mostra de Francis Bacon que acabara de entrar em exibição na Royal Academy de Londres. Uma das obras chamou particularmente minha atenção. Era a segunda versão do *Tríptico* de 1944, o quimérico *Três estudos de figuras na base de uma crucificação*. Aquela notícia caiu sobre mim como um raio. Contudo, depois que me recuperei do choque, ela serviu como uma espécie de iluminação para mim. Os três capítulos que compunham meu relatório, sobre o trabalho analítico que Madame e eu realizáramos até ali, seriam regidos respectivamente pelas três imagens da segunda versão do artista. O escritor peruano Mario Vargas Llosa já havia feito algo semelhante em *Elogio da madrasta*, quando procedeu a uma transformação, no sentido que Bion pretendeu dar ao termo, transpondo para as páginas do romance a tela de Bacon, *A cabeça*. Ao contrário de Vargas Llosa, eu não pretendia fazer uma transposição para o meu relatório das figuras monstruosas que o pintor imaginara. O que eu desejava era usar as figuras híbridas, algo entre homens e bestas, como símbolos dos temas que seriam desenvolvidos em cada um dos três capítulos do relatório.

A primeira das figuras da segunda versão, a 44 anos de distância do *Tríptico* de 1944, lembra vagamente uma esfinge. Sobre um fundo vermelho vivo, tingido de sangue, uma figura alada repousa sobre uma mesa. As asas recolhidas se prolongam para fora do quadro, enquanto as patas dianteiras se apoiam na madeira e depois se estendem rumo ao chão. Os ombros salientes do monstro, como se pertencessem a outra figura, ligam-se ao tronco por meio de dois apêndices que pendem de um lado e do outro, depois se projetam adiante, terminando numa cabeça loura de perfil, que olha em direção à segunda tela do tríptico. Sob a cabeça, o peito de pássaro se prolonga até as patas, em cujo ângulo não sabemos distinguir uma bolsa abdominal ou o ventre atrofiado. Um esfumaçado cinza vem turvar o pescoço de cima a baixo, o mesmo esfumaçado que é entrecortado pelas sombras projetadas no chão pelos pés da mesa, que depois se transformam num salpicado de ouro velho. Uma linha horizontal que corta a tela de fora a fora, na altura da base do monstro, serve de ponto de fuga.

Embora a primeira parte do relatório já tivesse sido praticamente toda escrita, a primeira tela serviu como uma espécie de organizador em torno do qual minha escrita se desenvolveria em círculos concêntricos a partir daquele núcleo inicial. Desde o momento em que concebi essa estruturação, os temas abordados nas *Observações preliminares* se adensaram e passaram a ter um significado diferente do original. Quando compreendi que não poderia ir adiante sem reescrever toda a primeira parte, passei a ver melhor questões relacionadas ao complexo de Édipo de minha analisanda que haviam me passado completamente desapercebidas no primeiro rascunho. Ao invés de me desestimular, reescrever a primeira parte do trabalho me deu novo ânimo e permitiu ponderar com mais exatidão as questões que eu havia tentado formular em torno do Édipo sem muita originalidade. Ainda que eu me identificasse mais com a esfinge, por também fazer perguntas, esperava até o final do trabalho encontrar algumas repostas, como o herói da tragédia.

A figura que mais me interessava na versão mais recente do *Tríptico* de 1944 fazia parte do segundo estudo em razão das relações que eu antevia com o masoquismo, tema que seria abordado no capítulo seguinte. Uma faixa de tecido do mesmo vermelho da primeira pintura descia pela parede do fundo e recobria o chão como um tapete até desaparecer na base da tela. Sobre esse tapete escarlate, erguia-se um pedestal de madeira e, acima deste, um misto de homem e monstro pairava no ar sobre três pernas muito altas e muito finas. Duas das pernas do suporte eram articuladas por um conector de metal. Talvez os apêndices que sustentavam o corpo do animal não fossem exatamente pernas, mas antes prolongamentos do pedestal que se enterravam na carne branca e firme. A figura acéfala era formada apenas por um par de nádegas oblíquas, um dorso rudimentar e um pescoço pendente no ar, que fazia uma curva para baixo e terminava numa boca pavorosa. Uma plaqueta de metal presa por dois parafusos ligava a base do pescoço ao dorso. No lugar dos olhos e do nariz, havia apenas um trapo branco pendurado lado a lado, como se fossem chifres, mas que igualmente fazia pensar na iconografia do Cristo andrajoso preso à cruz.

Minha leitora de psicanálise, que não sabe sofrer como só o sabem as masoquistas, deve estar se perguntando o que essa imagem tem a ver com a satisfação ligada ao sofrimento e à humilhação sofrida pelo sujeito encontrados no masoquismo. Ora, eu diria, tem tudo a ver, ainda que à primeira vista as relações entre a imagem e o tema não sejam tão evidentes assim. A primeira associação que me vinha à mente quando eu me debruçava sobre a figura era o quanto a configuração do ser formado por nada mais do que um tubo, que começava na boca, continuava pelo longo pescoço e terminava no ânus, se correlacionava às fases psicossexuais do desenvolvimento psíquico. As fases oral, anal e fálica estavam assim decompostas não somente para o estudo metapsicológico que eu pretendia empreender nessa parte do relatório, mas pelo próprio prazer estético. Não era só o dorso do monstro disposto sobre o pedestal e suas nádegas oblíquas em forma de sacrifício que remetiam o espectador à fase anal, tinham a ver também com as questões oriundas desta, como o controle, o domínio e a submissão. Assim, a pose que o animal assumia sobre o pedestal – as nádegas em oferenda ritual, o abandono em que se deixava ficar para ser abatido ou trespassado não por apêndices, mas agora pelas lanças invisíveis de centuriões romanos, a boca assaltada por um esgar de escárnio ou de choro – representava, na realidade, um símbolo da atitude de sofrimento e humilhação que minha paciente adotava diante da vida. Como disse Freud em *Dostoiévski e o parricídio*, um masoquista não perde a chance de oferecer o rosto à bofetada. Se por falar em parricídio, minha filial leitora, eu a leve inadvertidamente a pensar no pai, esteja certa de que não era do Pai que o *Tríptico* tratava, mas do Filho, ou melhor, das figuras na base da crucificação. De certa forma, a figura emulava o sofrimento e a humilhação padecidos pelo Cristo, desde a prisão, passando pelo calvário até terminar na crucificação. Estou enganado ou não foi o próprio Cristo quem disse para estendermos a outra face se nos esbofeteassem uma vez? Decerto Madame devia ser leitora dos Evangelhos.

Do terceiro estudo do *Tríptico* não pretendo tratar detalhadamente aqui, embora mereça uma pincelada, pois ele ia figurar na terceira e última parte do relatório, a que falaria sobre a perda e o luto. Projetando-se sobre um fundo vermelho vivo como nas telas anteriores, um monstro descarnado urrava sobre uma mesa de madeira que continuava para fora da moldura. Agachado sobre o móvel, podiam-se ver as costelas aparecendo, como uma peça de carne exposta para consumo num açougue. O pescoço muito longo e delgado, de uma palidez cadavérica, fletia-se em direção ao centro da tela. O monstro guinchava de dor e desespero, num urro mudo, porém ensurdecedor, como só as grandes e indizíveis dores conseguem ser. Eu via, ao mesmo tempo, naquela boca arreganhada de dentes um eco de *O grito*, de Edvard Munch, e da personagem com um ferimento no olho e os óculos quebrados que grita em *O encouraçado Potemkin*, de Serguei Eisenstein, quando não um falo terminando num ânus ou numa vagina dentada, cuja voragem tragava tudo ao redor.

No final da terça-feira de Carnaval, agora me lembro bem, eu começava a contar no relatório o que havia significado para mim o segundo ano da análise de Madame e que provações havia enfrentado até então a fim de me tornar psicanalista. Pode parecer certo exagero falar em "provações", minha incrédula leitora, mas não me ocorre palavra melhor para descrever o que representou o segundo ano de tratamento, que fora de fato muito difícil, aflitivo e penoso para mim por várias razões. Eu começava meu relato sobre o masoquismo fazendo uma breve introdução do tema:

> *Em* O problema econômico do masoquismo, *Freud distingue três formas de masoquismo: o erógeno, o feminino e o moral. Em relação ao segundo, ele afirmava que as fantasias podiam resultar no ato masturbatório ou representar em si mesmas a satisfação sexual. O conteúdo manifesto é "ser amordaçado, amarrado, golpeado, chicoteado de maneira dolorosa, maltratado de algum modo, obrigado à obediência incondicional, sujado, humilhado". A interpretação mais óbvia "é que o masoquista deseja ser tratado como uma criança pequena, desamparada e dependente, mas especialmente como uma criança malcomportada" (Freud, 1924)*[1]*. Embora tenha chamado essa forma de masoquismo de feminino, Freud reconhece que muitos de seus elementos apontam para o infantil. Um sentimento*

---

[1] Freud, S. O problema econômico do masoquismo. *Obras completas*, vol. 16. São Paulo: Companhias das Letras; 2017, p. 189. (Trabalho original publicado em 1924).

> *de culpa também se revela no conteúdo manifesto dessas fantasias, porque o sujeito pensa ter cometido alguma falta ou infringido alguma lei que deve ser paga mediante castigo e sofrimento. Esse fator de culpa se relaciona à terceira forma do masoquismo, o moral.*

Em seguida, passava à caracterização dessa forma que me interessava explorar no relatório:

> *A terceira forma de masoquismo, o masoquismo moral, nos interessa neste trabalho em razão de sua relação com a reação terapêutica negativa. A fim de encontrar uma explicação para esse comportamento, Freud, sem deixar a libido inteiramente de lado, supõe que a pulsão de morte foi novamente voltada para dentro e "se enfurece com a própria pessoa" (opus cit., p. 194). Desde O Eu e o Id, ele reconhecia haver pacientes em que éramos obrigados a atribuir um sentimento de culpa "inconsciente" devido à sua atitude negativa à influência da análise, identificando que a força de tal impulso era uma das mais sérias resistências ao tratamento. A satisfação desse sentimento de culpa inconsciente faz com que o sofrimento que acompanha as neuroses se torne algo valioso para a tendência masoquista, sendo quase impossível então renunciar a ele. Ao contrário do masoquismo moral, cujo acento se daria pelo próprio masoquismo do Eu, que demanda punição, a continuação inconsciente da moral tem a ver com o sadismo do Supereu sobre o Eu. Se a exageração do sadismo do Supereu irá nos colocar face a face com o Supereu cruel e seus avatares, a tendência masoquista do Eu tende a permanecer oculta ao sujeito e deve ser deduzida do seu*

> *comportamento. Freud substitui "sentimento de culpa inconsciente" por "necessidade de punição", ou melhor, "necessidade de castigo nas mãos de um poder parental" (Freud, 1924, p. 200). No intuito de provocar o castigo dos pais ou de seus substitutos, como o Destino, por exemplo, o masoquista deve fazer coisas inapropriadas, agir contra si mesmo, contra seus próprios interesses, a ponto de aniquilar as perspectivas que a vida lhe oferece, eventualmente destruindo a própria vida.*

Mais adiante, eu prestava um tributo a André Green, pois pretendia problematizar no trabalho a reação terapêutica negativa – um tipo de resistência à cura particularmente difícil de superar, pois cada vez que poderíamos esperar uma melhora, produzia-se uma agravação do estado do paciente, como se certos sujeitos preferissem o sofrimento à melhora –, um fantasma que assombrara o segundo ano da análise:

> *Um aspecto essencial do texto freudiano que não escapa a André Green, quando ele retomou o tema no artigo "Masoquismo(s) e narcisismo nos fracassos da análise e a relação terapêutica negativa"[2] (1993), é que o masoquismo moral vem a ser a testemunha da sobreposição das pulsões de vida e de morte. Segundo Freud argumenta no final do seu texto de 1924, o perigo desse masoquismo se deve ao fato de advir da pulsão de morte, equivalendo à parte desta que não se voltou para fora como instinto de destruição, acrescido do componente erótico, porque a autodestruição do sujeito não ocorre*

---

[2] Green, A. *Masochisme(s) et narcissisme dans les échecs de l'analyse et la réaction thérapeutique négative*. Le travail du négatif. Paris; Les éditions de Minuit; 2011. (Trabalho original publicado em 1993).

sem satisfação libidinal. Em seu trabalho, Green afirma que a descoberta do masoquismo atendeu a uma dupla abordagem: "desvendar o processo intermediário responsável pelo fracasso da análise e pela manutenção da infelicidade" (1993, p. 130). No entanto, nessa última acepção, o masoquismo causou problema, como o próprio Freud antecipou em Além do princípio do prazer, *texto anterior ao do masoquismo. Ainda que tenha previsto as resistências que o conceito de pulsão de morte iria enfrentar, o fato é que a ideia de que o sofrimento extremo pode ser uma fonte de prazer secreto iria ferir a sensibilidade de alguns analistas.*

E terminava a introdução da segunda parte desta forma, antes de apresentar o material clínico:

Sem pretender fazer aqui uma exegese sobre o masoquismo, os trabalhos desenvolvidos primeiro por Freud, depois por Green a respeito desse tema me ajudam a pensar questões que, a meu ver, estão precisamente no cerne da problemática da minha paciente e do momento que pretendo examinar da análise dela. Não sou capaz de situar com absoluta clareza em que momento me pus a refletir e a me interessar pelas fantasias masoquistas que eventualmente eram trazidas às sessões por Madame, embora tenha a recordação de que, ao final do primeiro ano, elas já estivessem presentes, pois a transferência erótica como expressão da pulsão de morte tinha sido tema de discussão na banca do meu primeiro relatório. No auge da paixão em que eu ocupava o lugar de objeto do desejo, ela admitiu fantasias

> *comigo em que eu a espancava nas nádegas ou então prendia seus braços atrás das costas com uma faixa de tecido, para logo em seguida nos reconciliar na cama, onde eu a possuiria "por trás". Aos poucos essa fantasia ia tomando forma e reaparecia de tempos em tempos nas sessões com pequenas variações. Entregue a devaneios em que assumia o papel da submissa, ela se punha a fantasiar com um misto de prazer e dor, enquanto eu me perguntava se ela não tinha* História de O *como livro de cabeceira.*

Embora as fantasias masoquistas de Madame me interessassem enormemente, eu não pretendia me estender sobre o masoquismo feminino no relato, mas antes sobre o masoquismo moral por suas relações com o sentimento de culpa "inconsciente". Não é incomum que todo analista, no decurso dos tratamentos analíticos, se depare vez ou outra com pacientes que denotam uma atitude contrária à influência da terapia. Por intermédio do amor que ela pretendia me consagrar como uma escrava sexual, escondia-se uma resistência feroz à minha intenção terapêutica, à melhora de sua condição psíquica e ao ganho inestimável que representaria uma vida com mais satisfação e menos sofrimento. Por mais paradoxal que possa parecer a uma leitora desavisada, mas não a uma leitora de psicanálise, algumas pessoas resistem em trocar um sofrimento conhecido e habitual por um prazer desconhecido e incerto. Agarram-se à miséria e ao sofrimento como se fossem as coisas mais caras sobre a face da Terra, não os trocando por nada deste mundo, pois, nas palavras de Freud, "o sofrimento que acompanha a neurose é justamente o fator que a torna valiosa para a tendência masoquista". É juntar a fome com a vontade de comer.

Enquanto escrevia esse trecho do relatório, recorrendo a Freud e a Green para apoiar minhas reflexões acerca do tema, eu me perguntava o que estaria, em paralelo, contribuindo para fixar Madame nessa posição de sofredora, da submissa que se deleitava em se prostrar aos meus pés em estado de paixão abandonada. Se por um lado podia me perguntar o que a fazia pôr-se tão facilmente por terra para ser pisada, por outro, caberia indagar: com efeito, tenho alguma vontade de calcá-la sob meus pés? Era uma pergunta que precisava ser feita. Se não por ela, ao menos por mim mesmo. À primeira vista, eu diria que não, que não tinha intenção de pisar nela, de fazê-la sofrer. Contudo, examinando bem meus sentimentos e atitudes em relação à Madame durante aquele segundo ano de tratamento, penso que eu me sentia submetido em minha vida em razão dos desejos e sentimentos que ela me destinava, assim como ela mesma se sentia submetida na sua própria vida. A partir do mecanismo da identificação projetiva, ela me fazia experimentar sua experiência subjetiva de dominação em relação ao objeto para que eu, por meio da minha *rêverie*, pudesse metabolizar o material bruto que ela projetava, ressignificando-o de maneira que se tornasse primeiro assimilável e depois integrado à psique.

Uma leitora arguta como a que me acompanha não terá encontrado dificuldade alguma em perceber que, pelo recurso à teoria bioniana, eludi a pergunta que eu mesmo me fiz sobre o desejo de pisar em Madame. Ainda que esse artifício, por si só, já represente uma resposta, penso que devo ser mais explícito, senão enfático, a fim de que minha cara leitora não feche o livro nessa hora e me abandone sob o pretexto de que falto com a verdade. Eu ansiava, sim, pensava, sim, guardava, sim, dentro de mim, um desejo que me custa confessar. Desejo esse que não era o de fazê-la sofrer, mas, sim, fazê-la gozar.

Me explico. Não para minha leitora de psicanálise, que conhece o sentido que *gozo* tem para a teoria lacaniana, mas para as leitoras que porventura eu venha angariar fora das plagas psicanalíticas. Durante a cura de Madame, se muitas vezes assumi o papel daquele que a fazia sofrer, lugar em que ela me colocava na transferência, posso afirmar seguramente que isso em nada me comprazia. No entanto, ao vê-la se humilhar e se rebaixar nos seus relacionamentos, posso assegurar que eu deslizava facilmente para o lugar daquele que queria "curá-la", isto é, devolver-lhe um pouco de amor-próprio, de dignidade e respeito por si mesma. Mas cabe aqui perguntar: o que meu *furor curandis* afinal encobria?

Ainda que a contratransferência seja o conjunto de reações inconscientes à transferência do analisando, que por natureza o próprio analista desconhece, pretendo arriscar uma resposta, mesmo sabendo que posso ser parcial ou, na pior das hipóteses, redondamente me enganar. Se queria devolver a ela a capacidade de gozar, de ter prazer nas suas relações, naquilo que fazia e, por conseguinte, ter uma vida mais produtiva, é porque eu estava no lugar do pai incestuoso, que lhe daria um filho, justamente para ela que não tinha nenhum. Isso até podia ser em parte verdade, mas não explicava tudo. Essa primeira era a reposta manifesta, mas eu estava em busca da latente. Mal comparando, elas eram como a primeira e a segunda versão do *Tríptico* de Francis Bacon, sendo a primeira delas mais crua, ao passo que a segunda era mais "clínica" – clínica no sentido que o artista queria conferir às suas pinturas, ou seja, como *Macbeth* é clínico. O realismo mais radical. "Clínico é estar o mais próximo possível do realismo, no mais recôndito de si. Alguma coisa de exato e afiado", como ele disse ao escritor e jornalista Franck Maubert numa entrevista[3]. Na primeira versão, eu seria o pai incestuoso que queria ter um bebê com minha

---

[3] Maubert, F. *Conversas com Francis Bacon*: o cheiro do sangue humano não desgruda seus olhos de mim. Rio de Janeiro: Zahar; 2010, p. 23.

analisanda, na ilusão de que um filho iria preencher a grande falta que ela experimentava e restituiria seu narcisismo ferido, por meio de quem estaríamos para sempre ligados.

O que podia talvez ser a resposta latente, ou melhor dizendo, a segunda versão do *meu Tríptico*, era que eu desejava dar à Madame aquilo mesmo que me faltou. Eu queria dar a ela o que a escrita literária até ali não havia me dado. Em outras palavras, eu sonhava em dar a ela um pouco de prazer na vida, de satisfação e de contentamento. Eu gostaria que ela pudesse experimentar uma existência, uma forma de ser no mundo que fosse a mais criativa, espontânea e original possível. Seria isso amor? Penso que não. Apesar de Lacan ter dito que "amar é dar o que não se tem a alguém que não o quer", penso que o que eu queria dar à Madame não era exatamente amor, mas sobretudo desejo, no sentido winnicottiano que atribuo ao termo. Eu queria que ela pudesse conceber a vida como algo lúdico e prazeroso, como um espaço potencial de ilusão, onde ela pudesse ter mais prazer em brincar e criar, e menos em sofrer. Não sei se posso saber com certeza o que ela queria – em suma, a mesma pergunta sem resposta que Freud se fez sobre o desejo feminino –, se é que alguém pode saber exatamente o que o outro quer, mas talvez eu pudesse descobrir não a razão, mas a desrazão do meu desejo. Tentar apreendê-la dentro de uma imagem fugidia e vã por mim sonhada seria fazer, mais uma vez, o que meu amigo e escritor José Castello comentou ao ler *Desapontamentos do Dr. Lacan*, um conto meu que saiu numa coletânea organizada por ele: "a ficção permitia o que, sem ela, provavelmente seria impossível: construir alguém 'por dentro'. Talvez nem a psicanálise tenha esse sonho". Bem, talvez eu tivesse, ainda que não soubesse bem dele, mas era um sonho sonhado mais pelo romancista que eu quisera ser lá atrás, e menos pelo psicanalista que eu queria ser agora.

Essa sutil forma de compulsão à repetição a que me lancei sem perceber, derivada certamente do masoquismo, falava mais de mim do que de Madame. Eu ainda desconhecia a grande verdade que Winnicott dissera a respeito da interpretação: "Eu interpreto especialmente para fazer o paciente saber dos limites da minha compreensão". Assim, enquanto eu avançava na escrita do relatório, condensando o material clínico do segundo ano de supervisão em apenas três ou quatro sessões, aos poucos ia ficando claro para mim que, em paralelo ao trabalho que se fazia no processo analítico de minha paciente, outro trabalho também estava em curso dentro de mim, embora menos visível do que aquele. Enquanto eu falava das minhas dúvidas e preocupações acerca do tratamento de Madame ao longo daqueles dias de Carnaval, uma mudança se fazia sentir na minha maneira de me relacionar com a escrita, que passou a ser algo mais prazeroso e menos ligado ao sofrimento. Após discutir extensamente o material clínico, me pus a refletir sobre os impasses da análise de minha paciente, que a meu ver impediam o avançar do processo analítico, pondo em risco a própria continuidade do tratamento:

> *Ao longo desse processo de reflexão e escrita deste trabalho, senti necessidade de recorrer a autores com os quais mais me identifico para tentar elaborar a experiência sem semelhança com nenhuma outra, absolutamente original, de se tornar analista. O sentimento que eu mais experimentei, e ainda experimento, nesses últimos meses da análise de Madame é de que estamos diante de um impasse que não se resolve. Se no primeiro ano da análise pude sentir que eu havia me tornado analista graças ao trabalho com ela – e não por uma série de razões incluindo minha análise pessoal, minha supervisão, os seminários teóricos e clínicos, entre outras –,*

> *ao longo do segundo ano penso que não avancei como poderia, o que me faz questionar minha atuação neste caso. Primeiramente, me parecia que eu lidava com uma clínica da primeira tópica, o* agieren *colocando em ato o desejo recalcado, a transferência neurótica, na sua vertente amorosa e erótica, a pressão para que eu respondesse a essa demanda, o amor de transferência como resistência etc. Depois, no segundo ano, e mais recentemente com a clínica da segunda tópica, da compulsão à repetição, os fantasmas do masoquismo e da reação terapêutica negativa, a transferência não neurótica, o privilégio do manejo sobre a interpretação etc. Na realidade, divido essas questões um tanto esquematicamente, mas sei que essa clínica se sobrepõe, pois as pulsões estão lá, ora intrincadas, ora desintrincadas, em seu trabalho silencioso, do qual só nos é dado conhecer por seus ecos, como uma estrela que já não existe mais, mas cuja luz ainda não se apagou.*

Na manhã da Quarta-feira de Cinzas, eu chegava ao final da segunda parte, descrevendo um fantasma que assombra todo e qualquer analista: a reação terapêutica negativa. Embora eu soubesse que esse fenômeno podia estar relacionado a um sentimento de culpa inconsciente inerente a certa estruturas masoquistas, algo nele sempre me havia deixado intrigado. Por que alguns pacientes experimentavam, no lugar de uma eventual melhora clínica, um agravamento do seu estado, como se alguns sujeitos preferissem o sofrimento em vez da cura?

> *Embora não considere que esteja diante de um fracasso terapêutico – longe disso, pois a paciente continua a investir em seu tratamento, a frequentar assídua e*

> *virtualmente as sessões e porque, apesar das várias atuações, ela segue firme se tratando, mesmo acreditando que faz análise somente para dar prazer a mim, e não por si mesma –, a reação terapêutica negativa me assombra. Madame reconhece a importância do trabalho que fizemos juntos até aqui. Apesar disso, clama que a análise está lhe fazendo mal, que eu a estou torturando, fazendo dela um joguete em minhas mãos. Por isso, caso ainda me reste um pingo de piedade, por favor, por favor, por favor, ela suplica, que "eu" a liberte para ela então se ver livre de mim.*

Na última página da segunda parte, eu recorria mais uma vez ao André Green de *Illusions et désillusions du travail psychanalytique*, que se demandava como suplantar os estados de desilusão encontrados no trabalho psicanalítico. Como o psicanalista conseguia ser bem-sucedido em sua prática clínica, mesmo diante de situações-limite? Era possível encontrar uma libertação, da mesma forma que minha paciente ansiava ou estávamos fadados a fracassar, tendo que nos resignar diante de situações crônicas que ultrapassavam nossos esforços terapêuticos? Eu pensava na análise do Homem dos Lobos e me perguntava se ela havia sido tão bem-sucedida quanto Freud a julgou à época. Ao pensar nas vicissitudes de todo analista, e de toda análise, nos obstáculos que se interpunham no caminho, eu terminava a segunda parte com esta citação de Green:

> *"(...) a tenacidade das fixações, a potência das pulsões destrutivas, o caráter 'solidificado' do masoquismo, a dificuldade do ego em renunciar às suas defesas narcísicas arcaicas e a rigidez das resistências".*

"O caráter solidificado do masoquismo" era uma frase que ecoava dentro de mim enquanto eu escrevia esse trecho final. Lendo e relendo essa frase, eu pensava em caráter não apenas como uma qualidade peculiar ou característica ou mesmo um aspecto, mas como algo mais profundo e enraizado, como uma estrutura clínica, na mesma concepção que Green pretendeu dar ao conceito de narcisismo.

E me indagava se Madame e eu estávamos diante de uma situação parecida... para no final responder:

> *A verdade é que eu não sei. Mas me consola o fato que, mesmo avançando sem saber, possa eu um dia vir a descobrir, como Édipo um dia fez.*

Diferentemente da primeira e segunda, a terceira e última parte do relatório me tomou alguns meses de escrita, pois eu precisava problematizar algumas questões relacionadas à perda do objeto e ao luto, e demorei mais do que pretendia lendo autores e trabalhos que me ajudaram a elaborar melhor o material clínico que eu tinha nas mãos. No entanto, quando terminei de escrever o capítulo "O masoquismo", eu sabia que o trabalho maior já estava concluído. O que escrevi depois disso era importante, mas eu o julgava menor. Por mais que eu pudesse escrever mais algumas dezenas de páginas, a que me dediquei nos meses seguintes, a tarefa maior estava terminada com aquela frase de sabor trágico: "como Édipo um dia fez". E eu estava satisfeito, verdadeiramente satisfeito, como há muito tempo não me sentia. E satisfação era algo que raramente eu experimentava, por isso aquele sentimento ao escrever aquelas últimas linhas tinham um sabor diferente e inteiramente novo para mim.

Lembro que logo após concluir o relatório, pedi ao meu analista e à minha supervisora para que ambos lessem e comentassem meu trabalho. Ambos gentilmente se dispuseram a ler aquelas dezenas de páginas antes de eu defendê-las diante da banca. Os dois foram muito disponíveis para mim durante todo o processo e me disseram o que eu precisava ouvir. A atitude deles bastou para me dar a coragem e a segurança de que eu precisava para enfrentar o processo de avaliação. Com esse espírito, fui sortear os nomes dos psicanalistas que iriam compor a banca. Fiquei satisfeito com os sorteados, pois alguns deles, de uma maneira ou de outra, haviam participado da minha formação. O dia da defesa não demorou a chegar. Escutei cada um dos três examinadores e respondi as questões que cada um levantou logo em seguida. Após minha defesa, a arguição e um tempo mínimo de deliberação da banca, o veredicto saiu: o relatório foi aprovado por unanimidade. Apesar de tudo que havia se passado ao longo daqueles dois anos de atendimento, análise e supervisão, de todo o trabalho da escrita do relatório num segundo momento, da banca e finalmente da aprovação, nada importava tanto quanto o meu sentimento de ter feito o melhor que eu podia com aquilo que eu tinha nas mãos. Embora não estivesse pronto para morrer – como disse o assombroso Philip Roth, olhando do alto dos seus oitenta e poucos anos o legado que havia deixado para trás quando afinal decidiu sair de cena, como seu Fantasma havia feito anos antes –, eu tinha a convicção íntima de que havia dado o melhor de mim naqueles anos todos de formação.

Minha arguta leitora de psicanálise, que certamente conhece as exigências da formação psicanalítica nas sociedades de psicanálise filiadas à Associação Psicanalítica Internacional (IPA), deve estar se perguntando nessa hora por que razão eu falava da formação como se ela já estivesse inteiramente concluída, sendo que ainda faltava a supervisão de um segundo caso oficial pelo período de um ano e meio. Eu poderia argumentar com toda razão, e muitos colegas viriam em meu auxílio para embasar a tese de que a formação de um psicanalista nunca termina. Portanto, nesse ponto de vista, a formação nunca estará terminada – independentemente de ele atender um, dois, três, dez ou cem pacientes ao longo de uma vida dedicada à clínica psicanalítica – até que o analista se retire definitivamente de cena, seja lá por que motivos. Mal comparando, a formação psicanalítica é como o paradoxo de Zenão, em que o psicanalista é o herói Aquiles e a formação psicanalítica é a tartaruga. Assim, por mais que Aquiles corra, a tartaruga nunca vai ser alcançada por ter recebido uma vantagem na largada.

Contudo, devo em parte dar razão à leitora que me acompanha fielmente nessas páginas finais, que não me abandonou até agora, mas que se torna administrativa demais em seus argumentos neste momento, quando reclama o atendimento de um segundo paciente sob supervisão oficial para considerar um analista "formado". Não me entenda mal, minha dogmática leitora, minha formação "oficial" estava longe de terminar. Ainda faltava concluir o atendimento do segundo caso, escrever o segundo relatório, passar por outra banca etc. Mas foi no início do tratamento de Madame, quando me senti minimamente no domínio da função, que me tornei afinal psicanalista.

> *Quando tomei essa analisanda em tratamento, eu vinha de uma experiência malsucedida de análise sob supervisão oficial, interrompida precocemente por meu antigo paciente, o que me fez duvidar seriamente à época da minha compreensão sobre o inconsciente e, em última instância, do meu trabalho enquanto analista. Assim, realizar as entrevistas preliminares com o propósito da retificação subjetiva, a fim de que a paciente se posicionasse em relação à própria demanda, depois acompanhá-la ao longo de um ano ininterrupto de tratamento e, por último, testemunhar o desenvolvimento da transferência amorosa desde suas origens até seus avatares, foi algo transformador. Não só minha paciente*

parecia se beneficiar bastante de sua análise, como vi renascer em mim a função de analista, que eu julgava perdida, o que me deu novo ímpeto para prosseguir o trabalho com ela.

O trecho acima, que consta no primeiro relatório do primeiro ano de atendimento, tenta descrever, de maneira imperfeita, o sentido, o alcance que esse momento único teve para mim. Lembro de estar deitado no divã de Fernando Rocha quando sucedeu aquilo a que hoje eu daria o nome de epifania. Enquanto meu corpo descansava sobre o "manto" que recobria o divã, eu olhava as árvores agitadas pelo vento por trás da fina cortina de gaze que cobria a janela do consultório. Não me lembro sobre o que falávamos exatamente, mas acho que era sobre minha mãe. Um raio de sol, que caía obliquamente através da cortina, distraiu minha atenção. Fiquei calado, lembrando que, numa época remota da minha infância, uma das minhas brincadeiras prediletas era agitar as cobertas e lençóis que haviam me aquecido durante a noite para ver a poeira se iluminar quando atravessava o facho da luz do sol que entrava pela janela do quarto imerso na penumbra. Anos depois, deitado no divã, foi como se o mesmo raio de sol da minha infância tivesse atravessado então outra janela e tocado sutilmente em minha mão esquerda, que repousava no meu colo. Meu olhar percorreu o facho de luz que ia de minha mão, passava pela cortina, depois pelo vidro da janela e sumia por entre as folhas das árvores. De repente, iluminado, tive a impressão de que virei finalmente a pessoa que sempre quisera ser. Me tornei eu mesmo.

Foi somente no *après-coup* da escrita do relatório que me dei conta, afinal, do que eu havia tentado escrever durante aqueles anos todos de formação psicanalítica. Haviam se passado alguns anos desde o momento mais crucial da análise de Madame, quando decidi que apenas os relatórios não eram suficientes para dar conta do que representou para mim, enquanto jovem analista, ser tomado como objeto da pulsão, de um impulso que a dominou e que ela pretendia satisfazer a partir da relação analítica. Posso dizer, como Freud disse a respeito da publicação de *O caso Dora*, ter esperado não sei quantos anos para vir a lume e aguardado uma mudança sensível na vida da paciente, que permitisse supor que o interesse dela nos eventos e processos psíquicos aqui narrados tivesse cessado. Hoje felizmente já não guardo a mesma importância que tive para ela um dia. Ainda assim, esperei o bastante e fiz o necessário para preservar seu anonimato. Mas tudo isso terá sido o suficiente?

De minha parte, era preciso encontrar um objeto que pudesse não somente expressar, mas simbolizar a experiência singular e transformadora que é a formação de um psicanalista em toda sua dimensão. O que podia haver melhor que um livro para esse fim? Um livro – não pela importância que esse objeto tem para mim em particular, quase a de um objeto-fetiche – só se faz *entre* o escritor e seu leitor, numa área potencial de ilusão como o quis Winnicott. Então, *O ano em que me tornei psicanalista* seria uma espécie de objeto transicional, esse objeto intermediário entre mim mesmo e o outro, entre mim e Madame, entre mim e Fernando Rocha, entre mim e Teresa Rocha. "Sempre já simbólico, sempre ainda simbiótico", como disse Jean-Luc Donnet. Assim, minha transicional leitora, este livro seria uma espécie de ligação indissolúvel e permanente entre mim e essas pessoas. Não um laço de submissão como quis minha paciente, agido pela pulsão de morte, mas de ligação, de investimento pulsional, de Eros.

Pensamos saber o que escrevemos quando escrevemos, mas na verdade não o sabemos. Eu poderia dizer, à maneira de Lacan quando falava da família, que somos escritos pelo livro, mais do que o escrevemos. E não estaria dizendo mal, ao contrário. Porque, afinal de contas, nunca sabemos ao certo sobre o que escrevemos quando realmente escrevemos. Escrevemos muito mais para vir a conhecer algo do que por saber *a priori* de alguma pretensa verdade. Somente quando terminamos um livro é que podemos vir a desvelar o que até então havia ficado encoberto na escrita, ainda que algo permaneça obscuro para sempre. O que vou dizer pode soar como um aforismo, mas na literatura existe um sem-número de escritores que escreveram seus livros, mas que não sabiam absolutamente nada deles até que outro autor os tivesse lido e interpretado. O inominável escritor argentino que era conhecido pelo nome de Borges estava certo quando disse que cada escritor criava seus precursores. Assim, o que posso lhe dizer, derradeira leitora, não do que criei, mas, sim, do que descobri ao longo desta jornada quando estou prestes a chegar às páginas finais? Não sei se posso afirmar ter efetivamente descoberto algo até aqui ou se me juntarei à legião de autores que, ainda em vida, desconheciam seus próprios livros e que morreram sem saber o que eles continham. Embora deixe a decisão em suas mãos, sinto que devo me arriscar a lhe dizer duas coisas antes de dar minha tarefa por terminada.

Neste livro de psicanálise – que algumas leitoras de má vontade se apressarão em dizer que não passa de um *roman à clef* e que a você, minha leitora fiel, não passará despercebida a ligação dele com o romance de formação –, há mais de um personagem. Um personagem secundário, eu diria, mas um personagem afinal: o masoquismo. Sim, ele mesmo. Sua Majestade, o Masoquismo. Desde uma espécie de método – o método Masoch –, passando por uma maneira de viver, uma perversão, para resumir muito vulgarmente a matéria, até se tornar o personagem que me acompanhou desde os primeiros anos, as primeiras páginas, que ainda é companheiro de Madame, mas do qual agora me despeço, não sem um pouco de dó, devo admitir, porque sofremos até mesmo para nos livrar da dor. Não me despeço dele completamente, porque traços de sua passagem ficarão gravados para sempre em minha lembrança, mas apenas o bastante para ele não mais me engendrar. Posso até ficar enlutado com sua perda, mas não acredito que vá me deprimir. Possa eu criar, a partir de agora, meus masoquismos, como se concebe um personagem de romance ou um livro de psicanálise, e não mais o contrário.

A segunda e última coisa que eu gostaria de comentar, e que talvez fosse dispensável de se dizer, é que o tempo passado ao lado de Madame ensinou mais a mim do que eu a ela. Tratando dela durante esses anos, posso dizer que curei algo em mim. Se não minha tendência à mistificação, que alguns colegas teriam a indelicadeza de chamar pelo nome de síndrome de Münchausen, ao menos o meu triste masoquismo. O tempo passado primeiro ao lado dela e depois escrevendo este livro, minhas relações com Fernando e com Teresa me fizeram outro, aliás, me tornaram aquilo que eu estava destinado a ser desde a noite dos tempos, sobretudo pelas pessoas que elas eram.

A discrição que devo manter no exercício da função de psicanalista me impede de expor detalhes circunstanciados da biografia e da história de Madame, omitindo, dessa forma, características inofensivas e irrelevantes de sua pessoa, mas que poderiam denunciá-la para aqueles que a conhecem na intimidade. Se não posso falar dela adulta, ao menos posso falar da criança que ela foi. Sob aquela fachada composta por grossas camadas de masoquismo e submissão, ela ainda guardava algo do seu verdadeiro *self*.

Na infância, ela havia sido um garotinho curioso, atrevido e que falava pelos cotovelos. Era alegre, simpático e divertido, como muitas crianças em tenra idade costumam ser. Gostava de andar descalço, brincar de bonecas e andar com as meninas da rua, o que fazia sua mãe pensar que ela mais parecia uma garotinha. De manhã, ele já acordava alegre, tomava banho cantarolando e ia para a escola sem tomar café, porque não tinha apetite cedo. Quando estava na casa de seus avós, gostava de tocar umas sonatas no piano de armário, comer bolo quente saindo do forno que sua avó preparava para o único neto da família e dormir embalado na rede pelo seu avô. Enfim, um menino criativo, espontâneo e incomum. Na adolescência, entretanto, tornou-se uma moça bonita, mas já desajeitada e francamente inibida. E que, apesar de haver conhecido certo sucesso em seu tempo, como algum best-seller que um dia encantou as multidões, envelhecia mal.

Apesar do masoquismo de Madame, ou melhor, justamente por causa dele, gosto de pensar nela como uma espécie de anti-herói. Anti-herói das páginas de um romance que eu não escrevi.

Macaé – Rio de Janeiro
2021 - 2022

GRÁFICA PAYM
Tel. [11] 4392-3344
paym@graficapaym.com.br